你不懂其實很有哏的生肖

文學與歷史形塑下的十二靈獸

黃啟方 著

CONTENTS

CONTENTS

CONTENTS

貳

十二生肖命理衝合說 149

CONTENTS

葛立方〈十二神詩贈莫之用〉
劉一止〈將如京師和方時敏機宜十二辰歌一首〉
朱熹〈讀十二辰詩卷，掇其餘作此，聊奉一笑〉
趙蕃〈遠齋作十二辰歌見贈，且師同作云〉
方岳〈次韻十二辰神體二首〉
林希逸〈戲效劉苕溪十二辰歌〉
仇遠〈和子野見寄十二辰體〉
劉因〈續十二辰詩〉
揭傒斯〈和劉修撰十二辰詩〉
胡儼〈續十二辰詩〉
呂旭〈戲為十二屬體詩贈汪萬里〉
吳寬〈失貓偶讀古人十二辰詩戲作一首招之〉
陸深〈春日書事用十二生肖體〉
王世貞〈十二屬．歸思〉
愛新覺羅．弘曆〈效仇遠十二辰體詠金川事解悶有序〉
〈用十二辰本字題四庫全書有序〉

推薦序

兔走烏飛氣象新

童話作家／**王家珍**

壬寅虎年末，啟方老師《你不懂其實很有哏的生肖：文學與歷史形塑下的十二靈獸》即將上市。編輯詢問我是否能推薦這本書，我秒回訊息說，天大榮幸，非常樂意。

《你不懂其實很有哏的生肖》用歷史回顧與現實省思，分析十二生肖的種種面貌。歲末年終藉著這本書，回顧過往，從歷史學得教訓；展望未來，立下新年新希望。

「十二生肖詩詞彙輯注釋」的篇章，幾乎囊括從南北朝沈炯以降的所有生肖詩詞，對於十二生肖有關典故，可以瞭若指掌。細細讀來，頗有滋味。

在「十二生肖命理衝合說」這篇，啟方老師寫到唐朝《開元占經》討論十二地支之間的衝與合。因為十二地支對應十二生肖，於是衍生出「十二生肖衝與合」，如常見於農民曆的「白馬犯青牛，羊鼠一旦休，蛇虎如刀錯，龍兔淚交流。」這些說法在民間成為算命與占卜的資料，在人與人交往和聯姻之際，常發揮關鍵性的影響。

啟方老師提出「十二生肖衝與合」的議題之後，轉換角度，從歷史人物的天命來討論，把這個議題，從「農民曆和占卜」等級，提升到學術殿堂的高度，非常精彩。〈虞兮虞兮奈若何〉討論同屬蛇、相差二十四歲，劉邦和項羽的天命，以及劉邦與呂后、項羽和虞姬的生肖問題；〈娶妻當娶陰麗華〉探究東漢光武帝娶陰麗華的生肖衝合，和「明章之治」、「含飴弄孫」的典故；〈此恨綿綿無絕期〉用白居易名詩，大爆武則天「剋哪個生肖」和「被哪個生肖剋」的八卦！〈江山如畫，一時多少豪傑〉細數三國人物的生肖跟天命玄機；〈八千里路雲和月〉從靖康之恥寫到岳飛和秦檜對南宋國祚的影響。

看完這些歷史人物與大事和「十二生肖衝與合」的交錯關係，再翻閱「歷代帝王的生肖表」，對於整部歷史究竟是「天命」抑或「宿命」，也只能藉著啟方老師的〈天命〉詩，一吐心聲！

天命從來不可賒，人情翻覆豈知耶？
秦皇漢武非龍種，夫子貌如狗喪家！

猶記得虎年伊始，國人對金虎年充滿盼望，期待猛虎出柙鎮住疫情，生活速速恢復常軌。沒想到疫情在虎年達到最高峰，醫院兵荒馬亂，老虎幾乎成了病貓，幸好在年末否極泰來，扳回一點虎威。

我的文采有限，沒辦法形容老師文章的好，只能忠實寫出心中感想。「虎尾春冰心不驚（美言實話實說），兔走烏飛氣象新（經典歷久彌新）」，老師手握靈蛇之珠，懷抱荊山之玉，啟發學生無數，方寸可見天地。

王家珍　壬寅虎年立冬

〈十二生肖〉

黃啟方

相鼠有體人無禮，騎牛覓牛自是癡。
虎落平陽空落寞，兔走鳶飛若喜嘻。
龍困淺灘無人問，靈蛇幾時銜明珠。
天馬行空豈自在，羊處藩籬恨無塗。
衣冠自違沐猴性，雞鳴不時英雄天。
狗盜猶能奇功建，牧豬魚釣不等閒。

自序

樂天知命而不憂

這本小書分成三個部分。第一部分原是從民國九十二年（二〇〇三）「癸未羊年」開始寫起，有關十二生肖歷史回顧與現實省思的文字，到民國一〇三年（二〇一二）「甲午馬年」，正好寫足了十二生肖。再重讀一過，更加體悟到，人的生肖何屬，可以說幾乎都是「天命」，即使刻意孕生「龍子」、「鳳女」，也仍然無法迴避該有的「天命」。

「天命」成為每個人與生俱來的規約。孔子說：「死生有命，富貴在天。」又說：「盡人事而聽天命。」而孔子一生「流浪列國」，畢竟無法有機會實現自己的仁民理想，更能體現他自己的話。因此，「樂天知命而不憂」，也自然成為自我勗勉的箴言。

開始寫「十二生肖」的時間點，是在民國九十一年（二〇〇二）快結束的時候，突然有一個念頭：何不寫寫有關「生肖」年的人和事，作為未來人生的借鑑。當年自己剛過了「六十回甲」年紀，此念既生，便開始從接著而來的「癸未羊年」寫起，就這樣一年一年地寫下來，每年文字長短不一，拈題信筆，不拘一格，當時因受報版副刊篇幅的限制，或有一年成三小篇者，各自獨立。寫著寫著，竟然又回到馬年，整整十二年在筆端輕易滑過，歲月流逝如斯，能不令人感喟！

當開始寫「癸未羊年」時，心中只有一個「期許」，希望來年會是個「吉祥」年，但結果卻是一個「不是很太平的年」。接下來的猴、雞、狗、豬、鼠、牛、虎各年，在世界各地都有天災人禍，令人膽戰心驚，幾乎就是「年年難過年年過」！在虎、兔、龍年交替間，想到傳統的民間習俗，就怕生了「虎子（女）」、「兔孫」，因為「虎」會剋父母，「兔」則兔唇破相。而「龍子」顯然較尊貴。於是特別做了一個歷史回顧，看看在歷代帝王中，哪個生肖的人較多？肖龍的有幾位？結果竟然完全出人意表！且看從秦始皇到清末宣統帝，包括如王莽、武則天、洪秀全及五代十國的小朝廷帝王都納入，扣除生年不詳的，仍有兩百五十一位。把各帝王的生肖做個分析，得出的結果如下：屬鼠的十九位，屬牛的二十一位，屬虎的二十一位，屬兔的二十九位，屬龍的二十四位，屬蛇的十七位，屬馬的二十四位，屬羊的十九位，屬猴的二十三位，屬雞的十三位，屬狗的十五位，屬豬的二十六位。

古代帝王生肖最多的竟然是屬兔的，屬龍者與之相較竟還少了五位，真是出人意外呀！

寫完了十一個生肖，過了十一年，終於回到馬年。在蛇年底（二〇一三）寫來年馬年時，心情非常沉重！記得嗎？那一年全民選出來的年度代表字竟然是「假」！層出不窮的政治亂象不提也罷，各類食品的摻假，欺騙詐財，大企業的排放毒水害命謀財，還有披著宗教靈修團外衣集體凌虐殺人等駭人心眼的事件，都被揭發了，可怕呀！但話說回頭，這不也是蛇年發揮了「智珠在握」的天命。

在整理完十二生肖後，想到生肖「衝犯」的問題，於是下了一些功夫，終於發現一本唐朝的《開元占經》，大喜過望，知道這書的人不多吧！真是解決了根本大問題。三者，在寫生肖文時，發現有以十二生肖為題的詩作，於是就全部彙編，並稍作注釋，以供參證。然後更把歷代帝王知見的生肖資料彙輯列表，也可見歷代歷朝興亡成敗的因由。

全書既完成，因特殊因緣，曾同意由國內新興宗教「唯心宗」的「南天文化院」出版，但僅在宗門內流傳如功德書。書於民國一〇四年（二〇一五）十二月印行，當時書名自題為《戲說十二生肖》。書成至今已八年，竊以為所寫多少有助於傳統文化之闡釋參考，而有意正式印行。「南天文化院」執事者更樂觀其成，又蒙臺灣商務印書館編輯團隊之積極反應，於是重新調整篇幅，次序並稍做更動，改以子鼠開始序次，不特以年分為記，以便於連貫一氣。

書既重編，如同再造，因改名為《你不懂其實很有哏的生肖》。得償其所願，幸何如之！

二〇二二壬寅年處暑三候九月一日　於心隱齋

前言

文化與天命：從「十二生肖」談起

文化和天命的連結

「文化」的內涵非常多元而豐富，舉凡與我們生命、生存和生活相關的事務，都屬於文化的範疇。人類為了生存，為了維護並延續生命，為了改善所面對的生活條件，發揮智能，創造了文明；文明的累積構成了文化。文化既由前人創造，而影響後人的生活乃至生存與生命，不僅與時俱進，並且歷久不衰。雖然未必是一時顯學，但往往卻如潤物無聲的春雨，人人受到滋潤而不自知。這就是文化。文化沒有善惡，沒有是非，也沒有可否。孔子有兩句話，或者可以借來做比喻：「入芝蘭之室，久而不聞其香；入鮑魚之肆，久而不聞其臭。與之化矣！」所謂「與之化矣」，很傳神地把「文化」如何的「化」人，說得很明白了。

「天命」就是「天之命」。《易經》最明確提到「天之命」、「天命」的是在〈无妄・彖傳〉，卦辭說：「无妄，剛自外來，而為主於內。動而健，剛中而應，大亨以正，天之命也。其匪正有眚，不利有攸往，无妄之往，何之矣？天命不佑，行矣哉！」〈无妄〉卦上乾下震，天在上，雷在天之下，天雷轟響，以象天威。人如因此而能自正則无妄，可以無往而不利。

「天命」就是天道，自然之道。孔子說過：「天何言哉？四時行焉，百物生焉。天何言哉！」這就是天道，就是自然。一旦自然之道影響了萬物，就古人的觀念說，就是上天對人事的關心甚至干預，則其影響所及，就由「天道」轉而為「天命」，所造成的結局難以逆料。在古代，一旦發生乾旱水澇，甚至彗星不時，就表示上天示警，小則三公罷免，大則帝王罪己，影響所及，不是一人一事而已。所以「天命」看似平常，其實談何容易，孔子要到五十歲才了悟什麼叫「天命」呢！

《易經》是中國文化的最重要經典，而〈彖傳〉的解釋，無論是周公或孔子，都提出了「天命」說，孔子更自嘆「五十而知天命」。「天命」說對後世影響之大，真是無時不在，我們試舉一個比較有趣的史事來做例子。司馬遷在《史記・高祖本紀》裡有下引一段文字說：

高祖擊布時，為流矢所中。行道病，病甚。呂后迎良醫。醫入見。高祖問醫，醫曰：「病可治。」於是高祖嫚罵之曰：「吾以布衣提三尺劍取天下。此非天命乎？命乃在天，雖扁鵲何益！」遂不使治病。

劉邦的一席話，幾乎可以確定，就代表著從此之後上自帝王下至販夫走卒，對「天命」的共同態度！

「十二生肖」：文化和天命的雙重奏

十二生肖的由來

「十二生肖」這一特殊的文化現象，究竟是從什麼時候開始的？在清朝學者趙翼引經據典考證後，提出了「十二相數起於後漢」及「是由北方少數民族地區傳入中原地區，並與子丑寅卯十二支相配合」的說法（《陔餘叢考》），似乎已成定論。然而，一九七五年在湖北雲夢睡虎地十一號「秦墓」出土的一批竹簡中，有《日書》兩種，其中一種《日書》背面的〈盜者〉一節，就載有「十二生肖」。

根據對這批資料的研究結果，《日書》秦簡很可能成於秦始皇稱帝（前二二一）之前，這比趙翼所引用的最早資料，也就是東漢王充《論衡》的記載，更早了三百年。這批秦簡的記載中，十二地支齊全，除了「辰」漏抄了生肖外，其餘十一項都標有生肖：

> 子，鼠也。丑，牛也。寅，虎也。卯，兔也。辰。巳，蟲也。午，鹿也。未，馬也。申，環也。酉，水也。戌，老羊也。亥，豕也。

而根據學者的解釋，巳、申、酉三項所指稱的生肖「蟲」、「環」、「水」，其實就是「蛇」、「猴」、「雞」，與王充《論衡》所記及今日所知十二生肖，不同的只是有「鹿」而無「犬」，經過一些時空的演變和調整，在東漢王充時確定已由「犬」代替了「鹿」，次序也重新排列，就成為王充《論衡》書中所載，而一直傳演到現在的十二生肖。至於為什麼是這十二種禽獸？又為什麼用十二這個數目？則又牽涉到星象、圖騰、民俗等問題，相當複雜，也難有定說。不過，十二生肖的次序，卻和《易經》兩個鄰接的卦象符合。吳裕成在《中國生肖文化》一書中，曾引述了一位當代人「何滿子」聽到的一種說法，大意是說：十二生肖中，馬、牛、羊、雞、狗、豬是六種家畜，就是所謂的「六畜」，與人的關係密切，「六畜興旺」，則人事發達，所以屬「陽」；鼠、虎、兔、龍、蛇、猴則是六種野獸，與六畜不同，屬「陰」。而生肖的排列次序，以《易經》的陰陽爻排列來觀察，就和

《易經》的〈比〉卦和緊接在後的〈小畜〉卦符合。〈比卦〉坎上坤下，五陰一陽，由上而下，由子鼠下數，陽爻正為牛，其餘鼠、虎、兔、龍、蛇均為陰爻；〈小畜〉卦上巽下乾，五陽一陰，由馬接著下數，唯一陰爻就是猴。這會只是巧合嗎？

十二生肖「衝」、「合」說

十二生肖相生相剋的說法，一直都被認為與「讖緯」有關，或者是迷信。無論是否迷信，或依託「讖緯」，總應該有個源頭或依據。然而一直以來，都只能籠統地依據民間俗諺或順口溜作交代，很難解惑。個人在經過一番考察後，終於發現在《開元占經》這本書中有很具體地敘述。

唐玄宗開元六年（七一八），命令太史監「瞿曇悉達」重新整理歷來相關資料，編成《開元占經》一百二十卷，所收相關資料，屬於「緯書」。書成之後，能看到的人並不多，即使是宋、元、明三代的大學者，也未必能看到，一直到明朝後期，才由「挹玄道人」無意中在「古佛腹中」發現。書前有挹玄道人的兄長「明哲」的序文：

> 緯書之學，盛於西漢。自光武嚴禁不行，故歷代弘儒未及盡睹。至唐瞿曇悉達，奉勅以成《占經》一百二十卷，採集緯書七十餘種，可謂無遺珠矣！然歷來禁祕不第，

宋元及我明巨公，皆未之見，今南北靈臺亦無藏本。吾弟好讀乾象，又喜佞佛，以布施裝金而得此書於古佛腹中，可謂雙濟其美，吾但不知藏之何代何人，而今一旦洩露，其關係諒必匪輕。吾欲弟列之架上，何如藏古佛腹中時也。後之覽者可不知敬重云。時萬曆丁巳孟秋上瀚，兄明哲書於流雲館中。

萬曆丁巳是明神宗萬曆四十五年（一六一七）。挹玄道人因為好佛，而在一次布施為古佛上金裝時，在古佛腹中獲得這部書，看來頗為神奇。又有張一熙的序文：

是書歷唐迄明，約數百年，始獲於挹玄道人，亦奇矣哉。而誌其所獲由來者，道人之兄也。戊子初夏偶遊蕪江，蒙友人不祕而手錄之，殆有夙緣乎。古宣張一熙質先甫識於必必軒。

「戊子」年是明朝桂王永曆二年，也就是清初順治五年（一六四八），已經是唐朝的《開元占經》重現世間三十一年後的事，張一熙還必須由友人慷慨借抄，又認為是大有因緣的事，可見流傳還不是很廣。這本書由《四庫全書》收入「術數類．占候之屬」，如今，人人都可以看到。

《開元占經》第九十一卷〈風占〉中談「干德」和「支德」，其中有「衝破」一節，列有「十二支衝」：「子衝午，午衝子。丑衝未，未衝丑。寅衝申，申衝寅。卯衝酉，酉衝卯。辰衝戌，戌衝辰。巳衝亥，亥衝巳。」

把它改成生肖的十二物種，就是：「鼠衝馬，牛衝羊，虎衝猴，兔衝雞，龍衝狗，蛇衝豬。」不但是「對衝」，而且是「互衝」。

除了這「六衝」外，還有「六合」：「子丑，寅亥，卯戌，辰酉，巳申，午未。」也就是：「虎合豬，鼠合牛，兔合狗，龍合雞，蛇合猴，馬合羊。」還有「三合」，分為「亥卯未，子辰申，丑巳酉，寅午戌」四組，就是「豬兔羊，鼠龍猴，牛蛇雞，虎馬狗」。仔細觀察，隱約都有規則可循。

這種說法，被引入如《六壬大全》、《三命通會》、《星曆考原》等命相書籍，又加入了各個地域不同的習俗和禁忌，就成了命相先生的利器，憑著他們的「專業」解說，讓許多人都深信不疑。

為什麼會有「十二支衝」、「六合」和「三合」的說法，《開元占經》上沒有說明。經過長時間的推衍發展，在民間一直廣為流傳，尤其普遍運用在婚姻和人際關係上，因此也形成了不少謠諺，如：「白馬犯青牛，羊鼠一旦休。蛇虎如刀錯，龍兔淚交流。」「自古白馬怕青牛，虎兔相逢一代休。金雞不與犬相見，豬與猿猴不到頭。」「紅蛇白猴滿堂紅。」「青兔黃狗古來有。」「蛇盤兔，必定富。」「羊入虎口難回頭。」等等。

天命和生肖的舉隅——三國人物

三國時代人才鼎盛，加上章回小說《三國演義》的風行，幾乎人人知曉。我們就以這些人物的生平作觀察，來看看天命和生肖的關係。

一代梟雄曹操，生肖屬羊（一五五乙未—二二〇），曹操當年認為天下英雄只有他和劉備，於是把劉備當作唯一假想敵。劉備屬牛（一六一辛丑—二二三），羊和牛正是六衝之一，對衝又互衝，真正是「勢不兩立」。

劉備三顧茅廬，請出了諸葛亮為軍師。諸葛亮屬雞（一八一辛酉—二三四），和屬牛的劉備可以形成「三合」，可惜中間少了「巳」。諸葛亮根本不把曹操、司馬懿這兩頭羊放在眼裡，他的最強對手是東吳大將周瑜。周瑜屬兔（一七五乙卯—二一〇），比諸葛亮大七歲，生肖卻和孔明的雞對衝又互衝，所以周郎要大嘆「既生瑜，何生亮」了！

武聖關羽，最終竟死在「吳下阿蒙」呂蒙手下，令人慨嘆。關羽的生肖一般都認為是屬鼠（一六〇庚子—二一九），而呂蒙屬馬（一七八戊午—二一九），鼠和馬也是「六衝」之一，對衝又互衝，所以關羽死後不久，呂蒙也就病死了。

曹操最擔心的對手應該是同屬羊的司馬懿（一七九己未—二五一）。司馬懿比曹操小了二十四歲，對曹操當然恭順異常，但曹操早已看出他的「狼顧」異相，警告兒子曹丕要格外小心，並且說自己曾因為做了一個「三馬食槽」的噩夢而嚇醒，但曹丕已經對司馬懿信任無比。曹丕屬兔（一八七丁卯－二二六），兔和羊再加豬，就成三合。曹丕比司馬懿小九歲，卻四十歲就死了，給了司馬懿很好的機會，終於在兒子司馬師（二〇八戊子－二六五）、司馬昭（二一一辛卯－二六五）的繼續經營下，到了屬龍的孫子司馬炎（二三六丙辰－二九〇）一上位就取而代之，改朝換代成為晉武帝；追尊祖父司馬懿為宣帝。祖孫三代，就把曹魏結束了，曹操的噩夢果然應驗。

上述幾個例子看來似乎不可思議，但卻是歷史事實。

聽天命盡人事

十二生肖是文化現象之一，又牽涉到人的天命。考察歷史人物事件，也有一些事例，可以佐證，但或許也只是巧合。然而，即使是聖人都不否認有天命，孔子在遭受安危威脅時，尚且會說：「天之未喪斯文也，匡人其如予何！」又說：「天生德於予，桓魋其如予何！」接受天命，就是具有自信的表現。孔子為了實現自己的理念和理想，周遊列國十餘年，悽悽惶惶，漂泊不安。（其實是流浪呀！）有一回，到了鄭國，和隨從弟子們走散了，弟子們到處尋找夫子。有人告訴子貢說：「東門外有一人焉，其長九尺有六寸，河目隆顙，其頭似堯，其頸似皋繇，其肩似子產，然自腰以下，不及禹者三寸，纍然如喪家之狗！」子貢找到了孔子，就把這話轉告。孔子喟然而笑曰：「形狀未也，如喪家之狗，然乎哉！然乎哉！」（《孔子家語》）

孔子生肖屬狗（前五五一年庚戌），鄭國人形容他的樣子竟是「如喪家之狗」，如果這就是天命，孔子也需面對。所以他沒有放棄，仍然盡力而為，先盡人事，再看天命。這應該就是我們所有人該有的人生態度吧！

壹

十二生肖文史縱橫說

子鼠

猶豫不決是為「鼠首」

鼠在十二生肖中居首，就先談談「鼠首」吧。

鼠是很古老的動物，曾經有距今五千五百萬年前的鼠類化石出土過，可以說一直是與人類「長相左右」的。自詡為萬物之靈的人，在拿鼠輩無可奈何之餘，只好表現高度的幽默，為牠取了「倉神」、「大耗星君」的雅號，並且還有論述說：

> 天開於子，不耗則其氣不開。鼠，耗蟲也。於是夜尚未央，正鼠得令之候，故子屬鼠。

於是鼠冠冕堂皇地佔著十二地支之首的「子」位，又被糧商米販尊為「倉神」，年年

祭祀，並為牠們「娶親」；「老鼠娶親」竟成為很受歡迎的年畫題材。而鼠們果然也能感恩回報，讓管糧倉的高人能有一筆「鼠耗」的厚利可拿，皆大歡喜！

除了清末庚子年（一九〇〇）八國聯軍造成的「庚子賠款」，撼動了大清帝國的國本外，歷史上的「庚子」年還曾經發生兩件因果相銜的大事。

第一件是東漢獻帝二十五年庚子（二二〇）的正月庚子日（廿三日），一代梟雄曹操病逝，終年六十六歲；當年十月，曹丕就把漢獻帝劉協從皇帝寶座上拉下來，自己稱帝，結束了東漢一百九十五年的國祚。而第二年，劉備在成都稱帝，史稱「蜀漢」；九年後（二二九），孫權（一八二壬戌—二五二）也稱帝，雖然當時曹丕和劉備都已經「駕崩」，蜀漢的第二代劉禪（二〇七丁亥—二七一，二二三年繼位）在二六三年被曹魏的司馬昭打敗投降；曹魏則在第五代曹奐（二四六丙寅—三〇三，二六〇年繼位，二六五年被廢）時被司馬炎的「晉」所取代。

無巧不巧的，在下一個庚子年（二八〇），當為晉武帝司馬炎太康元年。那年三月，晉國大將王濬率領水軍攻入石頭城（今南京），吳國的第四代國君孫皓（二四三癸亥—二八四，二六四年繼位，二八〇年降晉）只能投降。結束了三國鼎立，天下復歸統一。

而曹丕篡漢的那個庚子年的六十年前（庚子年），誕生了三國時代一位重要人物——關羽。關公在曹操病逝前一年年底，兵敗被圍，遭東吳大將呂蒙的部將生擒後，被孫權所殺，來不及「回甲」。

三國時期，另一位生肖「子鼠」的是東吳最傑出的人物魯肅（一七二壬子－二一七），他比關公小十二歲，卻早死了兩年。

老鼠天性多疑多畏，所以晝伏夜出，而出入洞穴時，鼠頭伸縮進退不定，「鼠首兩端」，因此就有用「鼠首僨事」的比喻，諷刺缺少決斷力的人，會害人害己。明朝黃淳耀（一六〇五乙巳－一六四五）〈首鼠行．譏韓安國也。安國辨魏其田蚡事，實陰左田蚡〉詩：

> 魏其是，丞相否？壯士何須問杯酒。丞相是，灌夫族，東朝正爾憐骨肉。
> 當年鼠首何曾兩，丞相車中怒鞅鞅。五百遺金事已往，天下何人絕朋黨。

其實，生肖豈能和人的賦性等同呢？在關公誕生前的三百六十年，賈誼（前二〇一－一六九）也是庚子年生，在關公後一千三百二十年出生的明朝大奸臣嚴嵩（一四八〇－一五六九）也是庚子年生，怎麼比呢！

在鼠年開始的時候，就以「鼠首」為戒吧！

仗勢欺人的狡猾「社鼠」

晚唐詩人周曇，有兩首詠管仲的詩：

> 社鼠穿牆巧庇身，何由攻灌若為燻。能知窟穴依形勢，不聽讒邪是聖君。
>
> 美酒濃馨客要沽，門深誰敢強提壺。苟非賢主詢賢士，肯信沽人畏子獹。

詩是為管仲（前七二五丙辰－前六四五）寫的，當然和管仲有關。這兩首詩的內容，正是管仲回答齊桓公的問題時所用的譬喻。

齊桓公（？－前六四三）曾經問管仲，治理國家有什麼可擔心的，管仲說是「社鼠」，這就是第一首詩的本事，管仲解釋說：代表土地神的社木，是用一綑木頭塗上泥水而成，老鼠竟然就鑽洞做穴，住了下來。人們想殺老鼠，如用火燻，怕把社木燒壞，如用水灌，又怕泥土會崩潰。所以殺不了老鼠，就是因為社木的緣故。

老鼠非常聰明取巧地住在社木裡面，人們為了保護社木，必須殺老鼠，可是無論火燒水灌，都會損傷社木，老鼠就仗恃這種形勢，為所欲為。詩人把管仲的用意說明白了，有智慧的國君，身邊不會有諂佞邪惡作威作福的人。

管仲接著又說了另外一個比喻：有個賣酒的人，酒好，容器乾淨，價錢又實在，然而即使酒變酸了，也還是賣不出去。他問鄰居是怎麼回事？鄰居說：「你養的狗太凶，有人要來買酒，狗就衝上去亂咬，你的酒怎不會變酸呢？」

這是第二首詩的本事。賣酒的人賣的雖然是美酒，可是因為門前有惡犬，追咬去買酒的人，買酒的人心裡害怕，寧可不買，再好的酒都要變成酸醋了。詩人也把管仲的意思說得很明白，如果賣酒的人真心想賣酒，再凶猛的狗（「獹」是古代名犬），也嚇不了要買酒的顧客。這狗就像在朝廷操弄權勢的人。

比較起來，「社鼠」幾乎和「社木」合而為一，而且會逐漸淘空社木，所造成的傷害必然比看門犬更大。齊桓公能夠不計較舊怨而重用管仲，也算是有智慧的人，所以能成為春秋五霸之首，但即使如此，尚且因口腹之欲而寵信「豎刁」、「開方」兩人，以致死後竟至不得安葬，「屍蟲出於戶」，而齊國也因而陷於混亂，幾乎滅亡。這就是「社鼠」造的孽。

古語說：「欲投鼠而忌器。」「投鼠忌器」，不正是「社鼠」的狡獪嗎？人人都應唾棄「社鼠」！

「禮鼠」為操守的象徵

老鼠自來和人類共生，很自然地會成為人類取以為譬喻的對象，在中國最早的詩歌總集《詩經》中，就有一首〈相鼠〉，只有十二句，言簡意賅，痛快淋漓：

相鼠有皮，人而無儀。人而無儀，不死何為？
相鼠有齒，人而無止。人而無止，不死何俟？
相鼠有禮，人而無禮。人而無禮，胡不遄死？

「相」是「看」的意思。「儀」是儀態，「止」是行為舉止，都指的是禮節、禮貌。「俟」是等待，「胡不」是「何不」，「遄」就是「快速」。詩的意思再清楚不過：意謂一個人如果連基本的禮節都沒有，那就連老鼠都不如。換句話說，簡直就不是人了。

凡是提到鼠，大概只有「禮鼠」是正面的，可是卻很少人留意到。在過年期間，「恭喜發財」已經是應景的吉祥話，如果再加上一個「禮鼠」的肯定，就不只是發財不發財的問題，還牽涉到生而為人應有的品德要求。

遇到鼠年，如能也想想「禮鼠」的警語，凡事有為有守，或者才能獲得真正的庇佑而平安！試湊四句記之。

〈鼠首〉

鼠首誰知福禍年，寄身社木自盤旋。
人而失禮還亂止，天下英雄但無言！

丑牛

牛的尊號是「一元大武」

關於牛的字形，《說文解字》說：「牛，大牲也；……象角頭三，封尾之形。」「封」是指牛背隆起的部分，所以「牛」是一個象形字。

牛因大小顏色性別的不同，有很多別名，特別的是有一個很威武的尊號，叫做「一元大武」。《禮記．曲禮》說：「牛曰一元大武。」後人的解釋很多，或者說：「元，頭也；武，跡也。牛若肥則腳大，腳大則跡痕大。故云：一元大武也。」或者說：「以六牲中牛最大。」合起來看或許就是了。

所謂六牲就是六畜：馬、牛、羊、雞、犬、豖，通常在祭祀上用得最多的是牛、羊、豖三牲，三牲齊全，稱為「太牢」，其次是雞、犬。舉行祭祀時，得先給這些「牲」另外取個好聽的別號，牛既是最大的牲，所以給牠取了最美的尊號「一元大武」。羊的別號是

「柔兒」，豬是「剛鬣」，犬是「羹獻」，雞是「翰音」，唯獨沒有為馬取號，可見祭祀時的牲，用不到馬。而所謂「一元大武」，意思應該就是「一頭特大的牛」。

牛角竟被小老鼠吃掉

「丑」在十二地支中緊跟著「子」，而十二生肖的首位既被鼠給佔了，牛就只得屈就「丑」位。十二生肖的十二種生物中，除了分佔第五、六位的龍和蛇是屬於「長蟲」，排第十位的雞是「禽」之外，其他九種都可以說是「走獸」。就體積而言，牛和馬差不多，但牛的體型顯然較壯大，速度一點也不含糊，所以三頭牛在一起就成了「犇」（奔），並且還有一對「牛角」，可以衝鋒陷陣，照理說牛才應該是十二生肖之首，怎會被小小的鼠輩給搶先了？

在十二生肖文化的多元傳說中，有這麼一說：當這些動物一起比快的時候，牛是一路領先的，小老鼠緊跟在後。小老鼠眼看難以超越大牛，於是用勁躍上牛背，在快到終點時，更從牛背上奮力向前一跳，然後拚了命做最後衝刺，結果竟然就以「一鼠」的差距贏了大牛，搶了第一。

這種說法當然無法追究討論，但「鼠食牛角」的事卻在古代經典中真實的記載著。事情發生在西元前五八四年，距今已經二千五百多年了，《春秋．成公七年》說：

七年，春，王正月，鼷鼠食郊牛角，改卜牛。鼷鼠又食其角。乃免牛。

據學者考證，「鼷鼠」是一種非常細小的鼠類，又叫做「甘鼠」、「甘口鼠」，因為實在很小，不容易被看見，人或牛、馬如果被咬，在當下沒有感覺，過後卻會長瘡潰瘍。祭天叫做「郊」，準備用來做祭天供品的牛稱為「郊牛」。「鼷鼠」連續把兩頭「郊牛」的角都吃了，使魯成公被迫放棄用牛做牲禮。

《春秋》裡類似記載還有兩次，分別在魯定公十五年（前四九五）和魯哀公元年（前四九四）。魯國如此，其他不見記載的又不知有多少。看來，大牛一碰上小鼠，就真沒輒了。這也難怪，連號稱是老鼠天敵的貓，在卡通影片裡都會被鼠戲弄得焦頭爛額呢！或許也只好說是「君子可欺之以方」了。

把「扭」轉乾坤說成「牛」轉乾坤，是硬拗嗎？因為「牛」和「扭」的聲調不同。或者可以這麼解釋：牛既是丑，有文字學家把「丑」解釋成「扭絲之形」，「丑」原是象形字，本來就從「手」，後人再加手就成了「扭」。而丑時是半夜一點鐘到三點鐘，正是人們休養生息準備重新面對新挑戰的時刻。「牛」是「丑」，自然也可以說「牛」轉乾坤了。

牛真是遇「人」不淑

牛雖然在十二生肖中屈居第二，但與人的親密關係，卻應該是「六畜」之首。在十二生肖中，六畜已佔了一半，人們希望年年都能夠「六畜興旺」，而牛的地位應該是最特殊的。

前文說魯成公要祭天，就先用牛占卜吉凶。人們豢養牲畜的地方叫做「牢」，雖然也有屋下從羊的，但從牛的「牢」已經長久獨佔，幾乎是「牢不可破」了。「牢」又引申為祭祀時所使用的牲，古代天子祭社稷用「太牢」，單獨用一牲時叫「特牲」，就是牛。

牛除了在祭祀中扮演最重要的角色外，又要耕田，又要拉車。有人以為牛原先只是用來拉車的，用來耕田則要晚至漢朝，但春秋時代孔子的弟子冉耕字伯牛，司馬耕字子牛，都說明了牛與耕田之間的關係是滿早的。無論是先拉車後耕田或先耕田後拉車，牛的一生替人服勞役則是事實。

並且牛皮可製成皮革，牛肉更是普遍被食用，雖然《禮記》有「諸侯無故不殺牛」的告誡，但史書上卻可以隨時看到「椎（擊殺）牛釃（酌）酒」的記載，還有「五日一椎牛，以饗賓客軍吏士卒」，甚至是「百里之內，牛酒日至」的情形。古往今來，正不知有多少「一元大武」祭了人類的五臟廟，牛為人奉獻犧牲，真可以說是「鞠躬盡瘁，死而後已」了。近年來，臺北每年舉行「牛肉麵節」，人們在大快朵頤之餘，會不會也想到「牛」遇「人」不淑的悲涼感受。

牛會是耳聾眼花嗎？

北宋名臣陸佃（一〇四二壬午－一一〇二）是南宋詩人陸游（一一二五乙巳－一二一〇）的祖父，學問淵博，他在《埤雅》裡說：

> 牛耳無竅，以鼻聽也。盟者聽於人神，故執牛耳而正，以不聽為戒。焦贛《易林》曰：「牛龍耳聵。」蓋龍亦聾者也。先儒以為「面牛鼓簧」，聾故也。

陸佃引用漢朝焦贛《易林》的話，再加引申，說明了四件事：

一、牛的耳朵堵塞不通，所以是聾的。

二、古代盟會時，主盟的人所以要「執牛耳」，是因為盟誓的話既是對人說的，也是對神說的，「執牛耳」正是告誡參加盟會者不能像牛一樣耳聾聽不到。

三、牛因為耳聾，所以才會有「面牛鼓簧」的說法。

四、龍和牛一樣，也是耳聾的。

牛是否耳聾，雖然南宋張世南在他的《遊宦日記》中以親眼所見證明，並引陸佃的說法為證，但是還得由動物學家解疑。至於「執牛耳」，也有不同的解釋，有人以為牛是最順從人意的，執牛耳並割之以取血，正是要求會盟者必須順從聽命。

「對牛彈琴」見於南朝梁僧祐（四四五乙酉－五一八）《弘明集》所收漢朝牟融（？－七九）的《理惑論》中，要比宋人生造出的「面牛鼓簧」傳神多了。原來，對著牛臉彈琴，就是因為牛是用鼻子聽的。至於「龍」也耳「聾」，恐怕也是望字生義吧！

牛的耳朵既被認為是聾的，而牛的眼睛也出了問題。南宋羅願在《爾雅翼》中說：

> 牛，畜之有力而順者。說者云：「牛但有竪瞳而無橫瞳，見一物輒長造天，故童子得而制之。」

意思是，牛的眼珠子看東西只有直的影像，而且會變得很長，卻沒有橫的影像。這種視覺的錯亂，會讓牛把一個小小孩看成了巨人，心生恐懼，只好順從地被拉著走。我們只知道歷史上有些名人是有「重瞳子」——兩顆黑眼珠——的異相，像舜、項羽和李後主都是，而這裡所說眼珠子有「橫瞳」、「豎瞳」的分別，也有待眼科醫生的解惑了。

變相五牛——懶安和尚的智慧

唐末福建高僧大安和尚，又稱懶安，有〈牧牛序〉說：

予嘗畫為五牛，其一體純白，喻真性無染；其二首漸黑，喻迷真起妄；其三體純黑，喻業垢嬰纏；其四首漸白，喻背妄歸真；其五又純白，喻復本還源。

「五牛」的相貌改變，由純白、漸黑、全黑、漸白而回復純白，也就是由純淨而迷妄，再背妄、歸真而復本還源，正是「迷途知返」的表現。儒家也有「性善」、「性惡」的討論，不只是佛門高僧循循善誘而已。懶安又說：

安在溈山三十來年，……祇看一頭水牯牛。若落路入草，便把鼻孔拽轉來。才犯人苗稼，即鞭撻。調伏既久，可憐生受人言語。如今變作個露地白牛，常在面前，終日露炯炯地，趨亦不去。

懶安以三十年的時間看一頭牛，而這頭牛經過三十年的調教，終於「通靈」，善解人意，是什麼原因呢？「工夫何處是？勸看懶安牛。」「懶安牛」成為一個自我勉勵的典範。無論歷史上有多少的紛爭在牛年發生，都已經成為過去了，在未來的每個牛年，可以好好省悟，就以「懶安牛」為師吧！

騎牛覓牛的心境

懶安禪師苦心學佛，特地從福州到南昌請教百丈和尚。他問百丈，想要識佛，應該如何？百丈說，大似「騎牛覓牛」。懶安再問，識得後便如何？百丈說，如人騎牛到家了。懶安更請解釋，百丈說：「像牧牛人拿著杖子看牛，不讓牛踐踏別人的禾苗。」懶安由此大悟，不再雲遊，靜心勤學三十年，精研道業。

「騎牛覓牛」，該怎麼說？想起宋人晏殊的詞句：「滿目山河空念遠，落花風雨更傷春。不如憐取眼前人。」又想起梅花女尼的絕詩：「終日尋春不見春，芒鞋踏破嶺頭雲。

歸來笑捻梅花嗅，春在枝頭已十分。」

是了，「滿目山河空念遠」不就是「騎牛覓牛」、「終日尋春」嗎？

歷史上的「五牛」轉乾坤

在以干支計時的年代，再配上十二生肖，牛年就是丑年。與「丑」相配的「天干」只有「乙」、「丁」、「己」、「辛」、「癸」五個，姑且也以「五牛」稱之，以便與「懶安和尚」的「變相五牛」區隔。我們就順著天干順序，看看在歷史上有什麼「牛」轉乾坤的表現，無論是正面或負面的。

第一牛「乙丑」

春聯

乙丑年的大事之一，是和「春聯」起源有關的歷史事件。宋太祖乾德三年（九六五）正月十三日，後蜀孟昶向趙宋投降，後蜀亡。在前一年的十一月，宋太祖派大將王全斌伐蜀，王全斌在攻下劍南時，斬首萬餘，進入成都後，又殺蜀降兵兩萬七千人，出兵才六十六天，就迫使孟昶投降。據文獻記載，在戊子年的除夕，孟昶命翰林學士幸夤遜寫桃符春聯，幸夤遜寫了，孟昶卻不滿意，就自己寫了「新年納餘慶，佳節號長春」一聯，不料才進入牛年第十三天就兵敗國亡。宋太祖派到成都的第一任首長就叫呂餘慶，正應了「新年納餘慶」的話。又，從唐玄宗開始，朝廷大臣都會為皇帝的生日特別取個節日名，唐玄宗的生日是「千秋節」（農曆八月五日），而孟昶下聯所提到的「佳節長春」，正是宋太祖的生日「長春節」（農曆二月十六日）。這副春聯，雖然有不同的文字記載，或作「天降餘慶，聖祚長春」，或作「天垂餘慶，地接長春」，但都被解釋為預示了後蜀的滅亡。

孟昶於當年五月初二被帶到汴京，向宋太祖跪拜稱臣。六月初五受封為中書令、秦國公，六月十一日就死了，追封為尚書令、楚王。孟昶十六歲繼位，死時四十七歲。他母親李氏，以孟昶不能殉國為恨，兒子死了，她沒有哭，卻絕食而死。

孟昶有個寵幸的貴妃，別號「花蕊」，世稱「花蕊夫人」，很有才華。宋太祖召見她，要她作詩敘述後蜀的亡國。花蕊夫人作詩說：「君王城上豎降旗，妾在深宮那得知。十四萬人齊解甲，寧無一個是男兒！」宋太祖派出的討伐軍，合步兵、騎兵總共只有五萬人，而孟昶以近三倍的兵力相抗，竟然只能投降。

花蕊夫人這首詩，被認為是有所承襲的，同樣發生在「蜀」，卻是「前蜀」的事。前蜀的後主王衍，在西元九二五年十一月被後唐莊宗李存勗打敗而投降時，有王承旨作詩說：「蜀朝昏主出降時，銜璧牽羊倒繫旗。二十萬人齊拱手，更無一個是男兒。」王衍繼承他父親王建的帝位，只過了七年，不僅投降亡國，整個家族包括母親都被殺了。前蜀滅亡，李存勗任命孟知祥擔任西川節度使，孟知祥於九三四年稱帝，史稱後蜀，但他不到兩年就死了，孟昶繼位，雖然在位有三十年，結果還是被滅亡，而且死得不明不白。更巧的是，前蜀後主王衍投降，是由翰林學士李昊寫的降表，到了後蜀後主孟昶，也是由已經身為宰相的李昊勸降並寫降表的。所以蜀人趁夜在李昊家的大門上寫了「世修降表李家」六個大字，表示嘲諷。

禁佛

東漢明帝永平八年（六五），遣使入天竺，佛法始入中國。九百多年後，即唐武宗會昌五年（八四五）的七月，下令毀天下佛寺四千六百餘區，令僧尼二十六萬五百人還俗。不過，武宗在第二年三月就崩逝了，佛教又重新發展。杜牧曾有〈江南春〉詩：「千里鶯啼綠映紅，水村山郭酒旗風。南朝四百八十寺，多少樓臺煙雨中。」可見江南佛教寺廟樓臺之壯觀。

太平天國覆滅

清穆宗同治四年（一八六五），太平天國餘眾被完全殲滅。

太平天國是由洪秀全稱立，他於咸豐元年（一八五〇庚戌）六月起兵，咸豐三年（一八五三癸丑）二月攻下南京，建都在此，並自稱天王。八月清廷北京戒嚴。同治三年（一八六四甲子）六月，洪秀全兵敗自殺，八月幼子被擒殺，太平軍亡。

乙丑年，還有呢……

乙丑年有幾位人物誕生，如董仲舒（前一七六－前一〇四）、陶淵明（三六五－四二七）、獨孤及（七二五－七七七）、譚嗣同（一八六五－一八九八）等人。

第二牛「丁丑」

太初曆、定歲首

丁丑年的第一件大事，就是在西元前一〇四年丁丑，漢武帝創「太初曆」，以正月為歲首，色尚黃。頒行天下，並改元太初元年。

史記

太初元年，司馬遷開始動筆撰寫《史記》。

丁丑年，還有呢……

丁丑年有兩個朝廷更迭了。西元三一七年，西晉亡，東晉元帝即位；西元五五七年，南朝梁陳霸先篡梁自代，是為陳武帝。

有幾位人物在丁丑年誕生，如范滂（一三七－一六九）、鄧艾（一三七－一六四）、周續之（三七七－四二三）、歐陽詢（五五七－六四一）、姚思廉（五五七－六三七）、徐鉉（九一七－九九二）、彭鵬（一六三七－一七〇四）、惠棟（一六九七－一七五八）等人。

第三牛「己丑」

坑儒

西元前二一二年，當秦始皇三十五年。秦始皇派遣囚徒七十萬人建造「阿房宮」和「驪山陵」，被方士侯生、盧生等所譏諷議論。秦始皇逮捕了侯生、盧生和其他儒生，嚴加審問，而儒生們互相舉發的結果，牽連了四百六十多人，都被坑殺於咸陽。這就是歷史上有名的「坑儒」事件，和前一年戊子年的焚燒詩書百家語，合稱「焚書坑儒」。

貞觀之治

唐太宗貞觀三年（六二九），唐太宗起用房玄齡、杜如晦為宰相，讓魏徵參預了朝政，開啟了大唐盛世「貞觀之治」。

這一年，唐太宗也下令修北周、北齊、梁、陳、隋代的歷史。同年，玄奘啟程赴印度取經，前後共十七年，至貞觀十九年（六四五）二月十五日才返抵長安。

武曌

唐睿宗永昌元年（六八九）正月，武則天穿起皇帝的袞冕；四月，殺唐宗室諸王十三人；閏八月，殺宰相；十一月，改用周正，自名武曌，開始了武周王朝。到神龍元年（七〇五）正月，中宗復位；二月，恢復國號唐。武則天則於當年十一月卒，自唐睿宗光宅年間（六八四）掌控大權，前後主宰天下二十二年，當了十六年皇帝。

己丑年，還有呢……

三國在己丑年也有個有趣的故事。東漢獻帝建安十四年（二〇九，赤壁之戰後一年），劉備妻甘夫人亡故，再娶孫權妹為妻。羅貫中在《三國演義》第五十四、五十五兩回中，敷衍此事，有所謂「周郎妙計安天下，賠了夫人又折兵」的精彩情節。

至於生於己丑年的名人，則有孟浩然（六八九－七四〇）、范仲淹（九八九－一〇五二）、秦觀（一〇四九－一一〇〇）、李公麟（一〇四九－一一〇〇）、李慈銘（一八二九－一八九四）等人。

第四牛「辛丑」

相較於其他年分，辛丑牛年的問題好像多了些，從戰國到清朝都有大事發生。

戰國長平之戰

西元前二六〇年，當秦昭襄王四十七年，秦派大將白起擊破趙軍於長平，殺其將趙括，坑殺趙國降卒四十五萬人，趙人震恐。這就是戰國時代最慘烈的「長平之戰」。

白起於秦昭襄王十四年攻韓、魏聯軍，斬首二十四萬；三十四年攻魏，斬首十三萬；四十三年攻韓，斬首五萬。前後被白起坑殺的有近百萬人，功高而無法賞，最後被秦昭襄王賜死。

三國紛爭

西元二二一年四月，劉備稱帝，兩年後卒。同年，張飛被部下所殺；孫權向曹丕投降，封吳王。

隋唐史事

西元五八一年，北周楊堅篡位自代，是為隋文帝。

西元六四一年，也就是唐太宗貞觀十五年，以文成公主嫁吐番棄宗弄贊。

水滸人物始於宋

西元一一二一年，宋江橫行河朔，張叔夜擊降之。這是《水滸傳》故事來源，最早見於《大宋宣和遺事》。

清初大事

文學評論家金聖歎因哭廟案被殺，終年五十四歲（一六〇八戊申－一六六一）。

西元一六六一年，康熙繼位。鄭成功據臺灣。明年，南明亡，鄭成功卒。

康熙五十九年（一七二一），臺灣發生朱一貴事件。

清末不平等條約

道光二十一年（一八四一），清廷向英國宣戰，戰敗，次年訂南京條約，開五口通商，是第一個不平等條約。

光緒二十七年（一九〇一），清廷明令恢復學堂，光緒三十一年（一九〇五）正式廢除科舉。而清政府在光緒二十七年與八國公使團簽訂「辛丑條約」，結束引起八國聯軍侵華的義和團事變。十年後辛亥武昌起義，清亡。

辛丑年，還有呢……

辛丑年誕生的人物有：賈誼（前二〇〇－前一六八）、晁錯（前二〇〇－前一五四）、公孫弘（前二〇〇－前一二一）、終軍（前一四〇－前一一三）、蘇武（前一四〇－前六〇）、羊祜（二二一－二七八）、顧愷之（三四一－四〇二）、顏師古（五八一－六四五）、孫思邈（五八一－六八一）、王維（七〇一－七六一）、李白（七〇一－七六二）、尹洙（一〇〇一－一〇四七）、周濟（一七八一－一八三九）等。

第五牛「癸丑」

蘭亭雅集

晉穆帝永和九年（三五三），王羲之召蘭亭雅集，成《蘭亭集》，王羲之作序。

唐朝開元之始

唐玄宗開元元年（七一三），殺太平公主。玄宗開元凡二十九年，繼太宗貞觀之治後，號稱盛世。

清初三藩之亂

清康熙十二年（一六七三）十一月，吳三桂反於雲南，三藩之亂起。康熙十七年（一六七八），吳三桂稱帝，旋死，子世璠立。康熙二十年（一六八一），清師入雲南，吳世璠自殺，三藩平。前後歷時九年。

癸丑年，還有呢……

禪宗六祖惠能卒（六三八戊戌－七一三）。

癸丑年誕生的人物有：禰衡（一七三－一九八）、陳壽（二三三－二九七）、姚察（五三三－六〇三）、柳宗元（七七三－八一九），段文昌（七七三－八三五）、羅隱（八三三－九〇九）、沈璟（一五五三－一六一〇）、顧炎武（一六一三－一六八一）、沈德潛（一六七三－一七六九）、翁方剛（一七三三－一八一八）等人。

癸是十個天干的最後一位，牛年記事至此結束。綜觀起來，牛年可真不能小覷！

寅虎

「山君」與「白虎」

和「寅」年相配的十二辰禽是「虎」，虎是象形兼指事字，古文字學家許進雄教授解釋字形說，「虍」是虎頭，下半左邊是虎足，右邊是虎身和虎尾的簡約。至於字義，漢朝文字學家許慎在《說文解字》中說，虎是西方獸，是「獸君」，因為牠是山獸之君，所以也稱作「山君」，明確地說明虎所統管的領域。虎既是山君，離開了山，恐怕就沒輒了，難怪會有「虎落平陽被犬欺」的話。

《禮記．曲禮》有一段敘述王者出兵的陣勢記載：「行，前朱雀而後玄武，左青龍而右白虎。」這是以天象二十八宿為比的行陣，也說明了「寅虎」的本色。「寅虎」年，正是「右白虎」當值的年歲，牠能夠照顧人世間的太平嗎？

擁有「虎視眈眈」的性格

虎年能給人們什麼樣的啟示呢？

虎在《易經》中一再出現。〈乾〉卦說「風從虎」，〈履〉卦說「履虎尾」，〈革〉卦也說「大人虎變」，還有〈頤〉卦的「虎視眈眈」。一般辭典在解釋「虎視眈眈」時，往往輔以負面之語，譬如「不懷好意」、「惡狠狠地」等，讓虎蒙上冤屈。「頤」是「口頰」之意，〈頤〉卦的本義是「自求口實」，也就是「自謀生存」。〈頤〉卦第四爻的爻辭說：「顛頤吉，虎視眈眈，其欲逐逐。無咎。」「眈眈」有向下看而專注的意思；《說文》的解釋是「視近而志遠」。「逐逐」是漸進而快速的行動。「虎視眈眈，其欲逐逐」，正是強調老虎注意力的專注及行動的沉穩、果斷和迅速。

古人以為這一爻是借虎的表現以說明「自求之道」。人在追求既定的目標時，要「收其視而不敢萌覬覦之心，屏其欲而不敢存僥倖之望」，「既不以自奉為樂，而又有養人之心」。孔子曾說「己欲立而立人，己欲達而達人」，可作「視近而志遠」、「養人之心」的注解。

以「虎」為師，「虎視眈眈」，會是吉祥、無咎而有充實成就的一年！

學習「虎虎生風」的威力

在我們日常生活中，經常都可以看到用「虎虎生風」來宣示精神毅力的充足。虎字的發音，或者就是取象老虎發出的聲音。古人對不同動物所發出的聲音，往往會用特定的象聲字來形容，如「龍吟」、「獅吼」、「雞鳴」、「犬吠」等等，那「虎」呢？「虎虎」的第二個「虎」，顯然是最直接的聲音模仿，而另外還有一個「嘯」字，更幾乎是成為老虎的專用字。「虎虎生風」其實正是從「虎嘯風生」轉過來的，而「虎嘯風生」，原本是作「風從虎」的。

《周易．乾卦》第五爻說：「九五，飛龍在天，利見大人。」根據〈文言卦〉，孔子的解釋是：「同聲相應，同氣相求。水流濕，火就燥，雲從龍，風從虎，聖人作而萬物睹。本乎天者親上，本乎地者親下，則各從其類也。」其中「雲從龍，風從虎」，在後人引用時就變成了「龍吟雲起，虎嘯風生」。或者用五行的相生剋做解釋：「風，木也；虎，金也。木受金制，故風從虎。虎嘯風生，自然之理也。」而《古樂府》更有「虎嘯谷風起，龍躍景雲浮」的句子，於是，無論是星相家、醫家、史家或文人，都樂於用「虎嘯風生」以表達他們的意念。

「虎嘯」真能有「風生」的回應嗎？古人也說得好：「夫風雲者，天地陰陽之氣交感而生，安有蟲獸聲息而能興動之哉！蓋雲將起而龍吟，風欲生而虎嘯。故《傳》曰：『龍從雲，蛇從霧，巢居知雨』是也。」這一來因果變換，反而要說成「風生而虎嘯」了。

然而，孔子的解釋，為的是強調「同聲相應，同氣相求」、「各從其類」的感應。如今，既然世人都習慣於以「虎虎生風」當吉祥話，就祝福人人都能有「同聲相應，同氣相求」，而與志同道合的夥伴，共同創造「虎虎生風」的人生吧！

屈原與三虎齊會日

如果是「年」、「月」、「日」都帶有「寅虎」，則是「三虎」齊會的奇特日子，真可以大喊「虎」、「虎」、「虎」了！

戰國時代楚國的愛國詩人屈原，應該是「肖虎」的古人中最受矚目的了，因為他的生年、月、日都是「寅虎」。屈原的〈離騷〉篇一開始就交代了自己的出生時間：「攝提貞於孟陬兮，惟庚寅吾以降。」

清朝的《楚辭》學家蔣驥（一三七八戊午—一四三〇）注釋說：「原之生年、月、日皆在寅。」

個人進一步解釋，「攝提」是年，「太歲在寅」就是「攝提格」；「孟陬」是月，「陬」指正月；「庚寅」指日。楚國如採夏曆，夏曆建寅，以正月為歲首，那正月就是寅月。屈原生於西元前三四三年的「戊寅」年、「寅」月的「庚寅」日，正是「三虎」齊會。

古人認為虎是「百獸之長」、「山獸之君」，而屈原集「三虎」於一身，應該是無比的尊貴與威武，卻落得必須投水自沉以明志。那個時代的楚國，當然也還沒有所謂「安太歲」、「點光明燈」的事，即使有，看來屈原也不懂得應該如何趨吉避凶。然則，他畢竟樹立了一個偉大的典範，司馬遷在《史記．屈原列傳》中稱讚他是「志潔」、「行廉」、「蟬蛻於濁穢」、「皭然泥而不滓」的人，並推崇說：「推此志也，雖與日月爭光可也！」

注意看看哪時候有三虎齊會的日子，除了紀念屈大夫，也可看看現今會有什麼樣的「運勢」！試湊四句記之。

〈三虎齊會〉

寅年寅月還寅日，三虎從風添虎翼。
亂世已無屈大夫，人間何處桃源覓！

三人成「虎」出於言

屈原在《九章‧惜誦》上說自己「竭忠誠以事君兮，反離群而贅肬。」因而感歎「故眾口其鑠金兮，初若是而逢殆。」「眾口鑠金」在古書中常見，漢朝應劭《風俗通》說明它的淵源，大意是說：有賣金的人說自己賣的是最純正的好金，然而很多人都指責說他賣的是假金，賣金的人只好用火燒金來證明。真金固然不怕火燒，但即使證明了，豈非也是「遲來的正義」，於事恐已無補。這應該就是屈原的憾恨吧！

宋朝詩人黃庭堅曾經用「三人成虎事多有，眾口鑠金君自寬」的詩句安慰朋友。如果說「眾口鑠金」是惡意的詆毀，那麼「三人成虎」就是捕風捉影，造謠生事，傷害可能更大。這個典故出於《戰國策‧魏策》，當魏惠王（也就是梁惠王）預備派大夫龐蔥護送太子到趙國去做人質時，龐蔥和魏王之間有一段對話。

龐蔥問魏王：「如果有人對大王說京城大梁有老虎，大王相信嗎？」魏王說不信。龐蔥再問：「如果有兩個人這麼說呢？」魏王回答他會感到懷疑。龐蔥三問：「如果有三個人說呢？」魏王說，那他就相信了。龐蔥於是說：「大梁城沒有老虎是事實，然而『三人言而成虎』，大梁城離趙國京城邯鄲非常遙遠，而喜歡議論批評我的人絕對多於三個，所以希望大王要明察。」魏王表示他自然知道。然而魏王還是聽信了讒言，取消那次外交，並且不再接見龐蔥。龐蔥雖然能防範於未然，舉出了「三人言而成虎」的顧慮，但還是難敵「眾口鑠金」。這和「曾參殺人」的故事如出一轍，曾參的父親在有心人一而再、再而三的挑撥之下，都會對平日最親信的兒子失去信心，何況是楚王對屈原、魏王對龐蔥呢！

「三人成虎」雖然如此可怕，卻也比不上當前天天發生的詐騙事件。希望人們更能隨時提高警覺，自求多福。

來場大人「虎」變吧

《周易．革》卦第五爻是陽爻，爻辭說：「九五，大人虎變，未占有孚。」這一爻的〈象傳〉解釋說：「大人虎變，其文炳也。」〈革〉卦的基本精神在「變革」，這一爻的大意是說：當領袖的人要有自信，只要「變革」得宜，不須猶豫遲疑，變革有成，便能獲得信任，就像虎毛在夏天時還很稀疏，到了秋天，自然變得色澤斑斕。

宋朝大儒朱熹在回答學生問到「大人虎變」是否只是「就事上變」時，說：

豈止是事上，也從裡面做出來，這個事卻不只是空殼子做得。文王「其命維新」，

> 也是他自新後如此。堯「克明俊德」，然後「黎民於變」。「大人虎變」，正如孟子所謂「所過者化，所存者神，上下與天地同流，豈曰小補之哉！」補，只是這裡破，補這一些。如世人些小功，只是補。如聖人直是渾淪都換過了。如鑪价相似，補底只是錮露，聖人卻是渾淪鑄過。

朱熹引孟子「豈曰小補之哉」的話，強調「大人虎變」不能像扶衰救弊或補鍋補鼎一般，必須「徹底重新鑄造」，而非「補其罅漏」而已。然而前提應該是自己先能從內到外自求新變，然後才會有「所過者化」的影響和成效。

「大人虎變」的意涵，先賢有許多發揮，至於對「大人」的看法，或以為是聖人，或是周文王，或是革命之主如商湯、周武王，或是居尊位者，或指大有才德的人，各就所見作表述。因此，我們似乎也無妨把自己當作「大人」，在虎年的時候，來一次「大人虎變」吧！

卯兔

時時警記「虎尾春冰」

虎年總要過去，古人以「虎尾春冰」為喻，時時警惕各種潛在而可能發生的變故。宋朝大儒朱熹就曾說過「虎尾春冰寄此生」的話，一旦誤踩到有形無形的老虎尾巴和初春薄冰，後果不堪想像。在虎年年尾，無論如何，且先誠摯地送走虎年，並迎接兔年吧！

「脫兔」飛時勢莫當

古人常用「光陰脫兔，日月跳丸」來形容時間飛快。如今虎去而兔來，對將來的日子，自應有新的考量。

「脫兔」一詞出於《孫子兵法·九地》「巧能成事」一段的結語說：「是故始如處

女，敵人開戶；後如脫兔，敵不及拒。」處女比喻柔順而謹慎，脫兔形容決斷而剛勇。以謹慎柔順的表現，使敵人輕忽而大開門戶後，迅速採取行動，則敵人必然應變不及。宋人曹彥約詩「深居處女靜無粧，脫兔飛時勢莫當」可做註腳。由潛藏凝靜地固守，轉變為迅雷不及掩耳地攻擊，再強悍的敵人也無法抵擋。因此被認為是「兵家之祕謀，百試而百中者也。」用兵如此，其它方面何嘗不是如此。

「脫兔」形容兔子速度之快，人們所熟悉的「龜兔賽跑」，其結局卻是另有一層意涵。再者，兔子也有謀略，平時就營造三個巢穴，一旦遭遇敵人，可以「欺敵」，因此而有「狡兔三窟」的話。但雖有「三窟」，真正只用主窟，另兩穴是虛的，獵人輕易就識破，「三窟」就成了反諷。

十二生肖中，兔相對是弱勢，但「脫兔飛時勢莫當」，只要發揮巧智，一樣能有驚人的表現。

「兔首瓠葉」以待客

在十二生肖中，卯兔所對應的方位是東，與兔遙遙相望的是在西方的酉雞。《古微書》說：「日中有金雞，乃酉之屬；月中有玉兔，乃卯之屬。日月陰陽互藏其宅也。」而

《本草》還說：「兔者明月之精。」兔而稱「玉兔」，又是「明月之精」，化身為「月」的代稱，這真是「卯兔」最榮耀的身分了。兔還有一個比較特別的名字，就像牛被尊為「一元大武」一般，兔被尊為「明視」。古人說：「凡祭宗廟之禮，牛曰一元大武，……兔曰明視。」宋人黃震解釋說：「明視者，兔肥則目開，而視明也。」羅願則以為「兔視月而有子，其目尤瞭（明），故牲號謂之明視。」把兔與月的關係做了進一步聯結。然則，無論是「玉兔」或「明月之精」，終究還是成為人類的祭品，只不過是多給了一個名義「明視」罷了。

兔在《詩經．國風．兔罝》中已經出現，但沒有像虎那樣有威嚴，而是隨著捕兔的「罝」出現，本尊沒有露臉。到了〈小雅．瓠葉〉時，雖然還是陪著「瓠葉」出場，卻很特別的以「兔首」出現。〈瓠葉〉詩第二章說：「有兔斯首，炮之燔之。君子有酒，酌言獻之。」意思是說把兔子的頭，連毛炮炙，或放在火上燒烤，作為飲酒時的下酒物。古人以為，匏葉是最平常的菜蔬，而兔首則是最沒有肉的部分。（《相馬經》：「頭欲少肉，如剝兔首。」）雖然都是淡乎寡味的東西，卻仍可以用來接待賓客，表達應有的「禮節」。所以蘇軾就曾說：「兔首瓠葉，可以行禮。掃地而祭，可以事天。禮之不備，非貧之罪也。」人和人、人對自然，都應該以禮相待，不能以貧窮為藉口。

「兔首」那一丁點兒肉，「滋味」被認為還比不上「雞肋」，卻能成為「禮」的象徵。

在迎接兔年時，或許先共同期許有一個事事講「禮」的社會吧！

「狡兔有三窟」穩贏？

「狡」字本有「狡好」的意思，如《詩經》的「狡童」就是「狡好之童」，然而一看到它，很自然就會想到是「狡滑」、「奸詐」，因此能營造三窟以求自保的「狡兔」，當然也會被認為是狡猾的。但許慎《說文解字》說：「狡兔，兔之駿者為狡兔。」「駿」是指各方面都優秀的馬匹，借以稱兔，那麼「狡兔」就不該是「狡滑的兔」。「駿」也有「疾」的意思，疾就是「快」，所以「狡兔」應該只是說牠跑得快。《戰國策》的記載應是最好的說明：

> 齊欲伐魏。淳于髡謂齊王曰：「韓子盧者，天下之疾犬也。東郭逡者，海內之狡兔也。韓子盧逐東郭逡，環山者三，騰山者五，兔極於前，犬廢於後，犬兔俱罷（疲），各死其處。田父見之，無勞勌之苦，而擅其功。」

跑得最快的犬韓盧，也追不上跑得最快的兔東郭逡，最後是雙雙累死，得便宜的是農夫。這個寓言和「鷸蚌相爭，漁翁得利」是同樣的意思。因而「狡兔」和「走（就是跑）狗」幾乎就成為命運共同體，於是有了「狡兔死，走狗烹」的話，像幫越王勾踐復國的文種，替劉邦爭得天下的韓信，一個盡謀略，一個拚死戰，結果都不免抱著「兔死狗烹」的憾恨而被擒殺。

但是，「狡兔」還是會被說成「狡滑的兔」，因為有人認為「大兔必狡猾，又謂之狡兔。」那麼就說「狡兔三窟」吧！那位寄身為孟嘗君食客的馮諼，替孟嘗君設計了所謂「狡兔有三窟」的「免死之計」，人所熟知，姑且略過。「狡兔」的「三窟」，究竟是怎麼回事呢？明人彭大翼的《山堂肆考．營窟》載：「俗云：兔營窟必背丘相通，所謂狡兔三窟。」而羅願講得更清楚，《爾雅翼．三窟》說：

> 今兔之所處，其穴常為三竅。獵者攻之，常顯然自其正穴躍出，而顧循其背，自後竅入坐穴中。獵者反以是得之。

原來兔子確實營造了三窟，並都背靠同一土丘而相通連，其中一窟是「正穴」，另外兩窟是用來「欺敵」的。三窟雖相通，卻以正穴為主，遇到敵人，自以為聰明的「狡兔」，從正穴跳出，然後進入後穴，但又回到正穴內安然穩坐，自以為「人不知而鬼不覺」，但遇到更有智慧的獵者，這個「空城計」可就不靈了！看來，馮諼「僅得免於死」的說法，還是相當保留的。再說，既然是這樣，雖然真有三穴，等於只有一窟，難怪宋人羅大經會在評論秦朝蔡澤、范雎的智慮後說：

> 後之君子固權吝寵，如狡兔之專窟，如猩猩之嗜酒，老死而不知止，受禍而不之覺者，是又在范雎下矣！

猩猩模仿人類穿上木屐喝酒，獵人投其所好，輕易地捕捉猩猩。狡兔雖有三穴，結果只回到同一窟，終究被獵人識破，手到擒來。而狡兔與猩猩，卻自以為得計，至死不悟，正如世間那些自以為聰明的人，恃寵而驕，爭權奪勢，老死而不知止，則難免會有「狡兔死，走狗烹」的悲鳴。

歷史上的「兔」年

古人以「玉兔」代表月，以「金烏」代表日，用「兔缺烏沉」或「烏沉兔起」、「昇烏沉兔」來表示一天的時間，引伸而說，就是比喻時間過得很快，就像說「歲月如梭，光陰似箭」一般。唐朝詩人羅鄴有「卻思紫陌觥盂地，兔缺烏沉欲半年」的詩句。

以十二生肖和天干地支搭配，兔是「卯」，因此凡見「卯」的就是兔年。翻開史頁，二千多年來，兔年發生的大事顯然少得很，「乙卯」、「丁卯」、「己卯」、「辛卯」、「癸卯」，但也還是可以一提。先列個清單，再補充說明：

西元前二一〇年辛卯　秦始皇三十七年。始皇東巡雲夢祀舜，上會稽祀禹，七月至沙丘崩。

西元前六年乙卯　西漢哀帝建平元年東漢光武帝劉秀生（五七卒）。

西元二一一年辛卯　東漢建安十六年司馬昭生（二六五卒）。

西元二二三年癸卯　蜀漢章武三年夏四月，劉備卒，諸葛亮受遺詔輔政。

西元二七一年辛卯　西晉秦始七年東晉安樂公劉禪卒（生於二〇七）。

西元六五五年乙卯　唐高宗永徽六年武昭儀立為皇后，三十五年後稱帝為武則天。

西元九七九年己卯　北宋太平興國四年北漢亡，中國一統。

西元一二七九年己卯　南宋祥興二年二月，宋朝亡。

秦始皇嬴政十三歲繼任秦王，三十八歲完成兼併六國的大業，統一中國，又當了十一年皇帝而逝，死時才五十歲。死後不到四年，大秦帝國就滅亡了。

劉備和他的兒子劉禪都在兔年去世。劉備死時六十三歲，辛苦半輩子；劉禪死時六十五歲，安樂一生。

司馬昭是司馬懿的次子，繼承他父親和兄長司馬師的權位，幾乎篡魏自立，因而有「司馬昭之心，路人皆知」的說詞，但就在他即將成功時，卻去世了，終年五十五歲。四個月後，長子司馬炎就篡魏稱帝，追尊他為文帝。和曹丕、曹操父子的情形如出一轍。

武則天於永徽三年（六五二）五月由「唐太宗」的才人進封為「唐高宗」的昭儀，永徽六年十月被立為皇后。顯慶五年（六六〇）開始參預政事，唐高宗於弘道元年（六八三）逝世，她成了皇太后，完全掌握朝政，第二年就廢中宗，遷睿宗，變更服色、官名，改元光宅，大殺唐宗室；載初元年（六九〇）九月，乾脆改國號為「周」。一直到神龍元年（七〇五）十一月，才以八十三歲高齡去世。武則天干政四十五年，宰制天下二十二年，影響之大，可以想見。武則天進入權力中心的關鍵時間，就是她三十三歲時被唐高宗立為皇后，那年是兔年。

宋太祖趙匡胤三十四歲時黃袍加身當了皇帝，在位十六年間，大致結束了唐末五代紛爭的局面，死時也才五十歲。弟趙匡義繼位，是為太宗。宋太祖死得突然，因此宋太宗的繼位留下不少疑點。但在他繼位後五年，平定了最後一個割據政權北漢（山西太原），才使分裂已久的中國復歸統一，距離宋朝開國已經十九年，這年是「己卯」兔年。三百年後的另一個「己卯」，陸秀夫背負著南宋最後一個皇帝、年僅九歲的帝昺，在廣東新會的崖山溺海而死，宋朝亡。據《宋史紀事本末》載，七天後，海上浮屍有十幾萬。宋朝盛也兔年，亡也兔年，讀史至此，能不嘆惋！

辰龍

龍生九子，各顯神通

「龍」字在甲骨文、金文中已經出現，但這究竟是什麼物種？專門解釋古代詞語的《爾雅》，在〈釋蟲〉、〈釋魚〉、〈釋鳥〉、〈釋獸〉、〈釋畜〉各目中，都沒有龍。一直到羅願所編的《爾雅翼》，才在〈釋魚〉時，首先解釋龍：

> 龍春分而登天，秋分而潛淵，物之至靈者也。……王符稱世俗畫龍之狀，馬首蛇尾。又有三停、九似之說，謂自首至膊（項）、膊至腰（腹）、腰至尾皆相停也。九似者，角似鹿、頭似駝、眼似鬼、項似蛇、腹似蜃、鱗似魚、爪似鷹、掌似虎、耳似牛。

龍是被歸入魚類的。春分時飛上天，就是「飛龍在天」；秋分時潛到深淵裡去，就是

「潛龍勿用」吧！而「馬首蛇尾」的說法，見於東漢王充《論衡．龍虛篇》。「三停九似」最早或是見於北宋郭若虛《圖畫見聞誌》，由簡單的「馬首蛇尾」，演變成像九種不同的動物，應該是基於繪畫的需求吧！或者，「九似」的說法，就演變成了「龍生九子」。

明孝宗（一四八八戊申－一五〇五）有一天派太監去問大學士李東陽有關「龍生九子」的問題，李東陽一時之間也記不得，趕緊向同僚請教，才回覆皇帝。李東陽說：

龍生九子，不成龍，各有所好。

「囚牛」龍種，平生好音樂，今胡琴頭上刻獸，是其遺像。

「睚眦」平生好殺，今刀柄上龍吞口，是其遺像。

「嘲風」平生好險，今殿角走獸，是其遺像。

「蒲牢」平生好鳴，今鐘上獸鈕，是其遺像。

「狻猊」平生好坐，今佛座獅子，是其遺像。

「覇上」平生好負重，今碑座獸，是其遺像。

「狴犴」平生好訟，今獄門上獅子頭，是其遺像。

「贔屭」平生好文，今碑兩旁龍，是其遺像。

「蚩吻」平生好吞，今殿脊獸頭，是其遺像。

這裡所提的九個「龍子」，雖然都「不成龍」，卻化身變化，各有神通，而遍布在各領域，令人讚嘆！但李東陽的朋友楊慎根據李的敘述所做的記錄，卻有些不同：

一曰「贔屭」，形似龜好負重，今石碑下龜趺是也。

二曰「螭吻」，形似獸，性好望，今屋上獸頭是也。

三曰「蒲牢」，形似龍而小，性好叫吼，今鐘上紐是也。

四曰「狴犴」，形似虎，有威力，故立於獄門。

五曰「饕餮」，好飲食，故立於鼎蓋。

六曰「蚣蝮」，性好水，故立於橋柱。

七曰「睚眦」，性好殺，故立於刀環。

八曰「金猊」，形似獅，性好烟，故立於香爐。

九曰「椒圖」形似螺蚌，性好閉，故立於門鋪首。又有「金吾」，形似美人，首尾似魚，有兩翼，其性通靈不寐，故用警巡。

這九個「龍子」，除了「蒲牢」還像龍之外，其它也都「不成龍」。再者，有些記載還把「蜥蜴」、「守宮」列在名單中，看來龍真的是變化萬千，難以常情理解，確實是「物之至靈者」，無怪孔子會讚嘆說：「至於龍，吾不能知，其乘風雲而上天。」

「真龍」乎？「成龍」乎？

《周易》第一卦〈乾卦〉，是由上乾下乾兩個「乾卦」組成，它的六個陽爻（用數字九代替符號⚊），除了第三爻是用「君子終日乾乾，夕惕若，厲，無咎」的句子，龍字隱而不現，其餘五爻的爻詞，都用了龍，分別是：「初九，潛龍，勿用」、「九二，見龍在田」、「九四，或躍在淵」、「九五，飛龍在天」、「上九，亢龍有悔」。

「亢龍有悔」的意思是「高極而失位」，凡不知道持盈保泰的，就不能長久，也就是「泰極否來」的意思。像有些以「太上皇」自居的人，看似身分高貴，但如失去人們的信仰和信任，那就一無是處了。〈乾〉卦的最高境界是「用九，見群龍無首」，是說因六爻都屬陽，具有剛健的特質，更應當以謙謹、平易和誠懇，接近民眾，不可因居首位而自覺尊貴驕矜。再者，因為第五爻說「九五，飛龍在天」，所以就引申而稱帝王為「九五之尊」。

或者可以這麼說，如果是生肖屬龍的人當了帝王，當然是「飛龍在天」，但不屬龍的人一樣有機會成為帝王，成為「真命天子」。如曹植在他哥哥曹丕篡漢稱帝時，上表道賀說：「陛下以聖德龍飛，順天革命，允答神符，誕作民主。」如果曹植早年能不恃才恃寵而驕縱，克遵禮法、小心謹慎，則「聖德龍飛」的就是他而不是曹丕了。又如王安石用「龍飛九天跨四海，一水欲阻真堪哈」的詩句，稱頌宋太祖收服南唐的功業比後周世宗大得多，也用了「龍飛」。曹丕生肖屬兔，趙匡胤生肖屬豬，都不肖龍，但既當了帝王，就尊他們是「龍飛」。那麼，有哪些帝王是「飛龍」？哪些又是「龍飛」的呢？

「飛龍在天」是「真龍」

從秦始皇算到清宣統帝，包括有機會可以當皇帝而沒有如願的，如曹操、司馬懿等，還有像五代時據地稱尊的十個小朝廷，或像王莽、武則天、洪秀全等都算在內，扣除生卒年不詳的，仍有約兩百五十一位帝王，如果把這些帝王的生肖稍做分析歸納，結果會是怎麼樣呢？試看：

屬子鼠的十九位，屬丑牛的二十一位，屬寅虎的二十一位，屬卯兔的二十九位，屬辰龍的二十四位，屬巳蛇的十七位，屬午馬的二十四位，屬未羊的十九位，屬申猴的二十三位，屬酉雞的十三位，屬戌狗的十五位，屬亥豬的二十六位。

帝王的生肖，人數佔最多的，竟然是屬兔，相較起來，屬龍的還少了五位，真出人意外！然後依次是屬豬、龍、馬、猴、牛、虎、鼠、羊、蛇、狗，最少的是雞，且屬雞的只有屬兔的一半。看來，龍年對結婚、生子會有一定的鼓勵作用，但人們一向都忌諱生兔子，而屬兔的帝王在屬相排名中卻遙遙領先，而且表現也很亮眼。那麼，人們會不會因此而改變思惟呢？就有待觀察了。

最近一個龍年是「壬辰龍」，二十四位屬龍的帝王中，「壬辰龍」只有三位，分別是北朝北魏明元帝拓跋嗣（三九二－四二三），在位十四年，終年三十二歲。南朝齊明帝蕭鸞（四五二－四九八），在位四年，終年四十七歲。遼（契丹）太祖耶律億（八七二－九二六），於西元九〇七年建國，在位二十年，終年五十五歲；遼國傳了八世，共兩百一十九年，在宋徽宗宣和七年（一一二五）被金朝所滅，兩年後，北宋亦亡於金。這三位「壬辰龍」，除了遼太祖創建遼國，在北方橫行兩百多年，是值得一提的人物，另兩位就沒什麼可說的。

其他屬龍的帝王，按照所搭配的五個天干次序，分列如下：

甲辰五位

晉懷帝司馬熾（二八四－三一三），被劉聰俘殺，三十歲。西晉亡。

南朝梁武帝蕭衍（四六四－五四九），八十六歲。於五〇二年篡齊稱帝，最後被侯景圍於臺城餓死。梁武帝篤信佛法，創蔬食，曾頒〈斷殺絕宗廟犧牲詔〉、〈斷酒肉文〉。《梁皇懺》據傳也是他所製定的。

北朝東魏孝靜帝元善見（五二四－五五二），二十九歲。被北齊高歡廢殺。

西夏仁宗李仁孝（一一二四－一一九三），七十歲。

元文宗燕鐵木耳（一三〇四－一三三二），二十九歲，在位九年。

丙辰五位

西晉武帝司馬炎（二三六－二九〇），承父司馬懿，伯司馬師、父司馬昭事業，篡魏稱帝。在位二十六年，五十五歲。

唐中宗李哲（六五六－七一〇），五十歲。二十八歲即位，被皇后韋氏鴆殺。

宋哲宗趙煦（一〇七六－一一〇〇），二十五歲。在位十六年。

遼興宗耶律宗真（一〇一六－一〇五五），四十歲。在位二十四年。

清穆宗載灃（一八五六－一八七四），十九歲。在位十四年。

戊辰三位

宋真宗趙恆（九六八－一〇二二），五十五歲。在位二十六年。

元憲宗蒙哥（一二〇八—一二五九），五十二歲。在位九年。

明太祖朱元璋（一三二八—一三九八）七十一歲。在位三十年。

庚辰八位

東晉簡文帝司馬昱（三二〇—三七二），五十三歲，在位一年。

南朝齊武帝蕭賾（四四〇—四九三），五十四歲，在位十二年。

北朝北魏文成帝拓跋濬（四四〇—四六五）二十六歲，在位十四年。

五代十國南漢殤帝劉玢（九二〇—九四三），二十四歲，在位一年，被弟所殺。

五代十國南漢中宗劉晟（九二〇—九五八），三十九歲。

五代十國荊南貞懿王高保融（九二〇—九六〇），四十一歲。卒後三年，荊南降宋。

宋欽宗趙桓（一一〇〇—一一五六），六十二歲。二十六歲受父徽宗禪位，二十八歲與徽宗同被金人俘擄北去，三十五年後卒。而弟弟趙構（一一〇七丁亥—一一八七）屬豬，二十一歲在汴京即帝位，成為南宋第一位皇帝——高宗，當了三十六年皇帝，二十六年太上皇，享盡人間榮華富貴。

清仁宗顒琰（嘉慶，一七六〇—一八二〇），六十一歲。在位二十四年。

壬辰三位

北魏明帝拓跋嗣（三九二－四二三），三十歲。

齊明帝蕭鸞（四五二－四九八），四十七歲。

遼太祖耶律億（八七二－九二六），五十五歲。四十五歲（九一六）建國，至一一二五年亡於蒙古，凡九世兩百一十年。

從以上簡要的介紹可以看出，真正能弭平群雄，一統天下，又能享天年、傳國近三百年的真龍天子，只有明太祖朱元璋。遭遇最悲慘的應該是宋欽宗了，坐上皇帝寶座只有一年五個月，卻被金人關了三十五年，過著生不如死的生活。真是奈何而屬龍！

「龍飛九天」就「成龍」

生肖屬龍而當帝王的人，約佔帝王總數的十分之一，其中有不少是偏安一隅的小國之主，無足道者。只有明太祖朱元璋於四十一歲擊敗群雄，即位稱帝，隨即滅了元朝，在位三十一年，享壽七十一歲，可以說是二十四位屬龍的帝王中的異數。屬龍的帝王既是如此，其它生肖的帝王又如何呢？這裡只舉出重要朝代具有指標性的帝王，以說明任何生肖都可以因緣際會飛上九天而「成龍」，但下場如何，就只能說是「福禍自招」了。

鼠

明成祖朱棣生於庚子（一三六〇－一四二四），六十五歲。四十三歲時反建文帝，而稱帝。

牛

新王莽生於丁丑（前四四－二三）。西元前八年稱帝，在位十六年，敗亡後被梟首。王莽是唯一一位誕生在丁丑年的帝王。白居易說：「王莽謙恭下士時。」世間又何只王莽會如此裝模做樣。

蜀漢劉備生於辛丑（一六一－二二三），六十三歲。在位三年。兒子劉禪屬豬，在位四十一年，投降曹魏，樂不思蜀，被封為安樂公，六十五歲卒。劉備「漢賊不兩立」的憂慮，如此結果，真是情何以堪。

隋煬帝生於己丑（五六九－六一八），五十歲。為奪帝位，弒父殺兄及侄十八人，最終楊廣也被叛軍殺死。

虎

秦始皇嬴政生於壬寅（前二五九－前二〇一），五十歲。

清世祖福臨生於戊寅（一六三八－一六六一），二十四歲。

兔

東漢光武帝劉秀乙卯（前六－五七），六十三歲。光武帝弭平群雄，恢復漢室，使漢祚再延一百九十六年（二五－二二〇）。他少時曾說：「仕宦當作執金吾，娶妻當得陰麗華。」二十七歲娶了陰麗華，二十九歲即帝位，因陰麗華的謙讓，在十七年後才廢了原來的郭皇后，改立陰麗華為皇后。陰麗華比光武帝小九歲，屬鼠，卒年六十。

魏文帝曹丕丁卯（一八七－二二六），四十歲。

司馬昭辛卯（二一一－二六五），五十五歲。「司馬昭之心，路人皆知。」指他想篡位稱帝，可惜少了天命，由兒子司馬炎完成。死後，司馬炎篡魏稱帝，即晉武帝，與曹魏如出一轍。

清高宗弘曆辛卯（乾隆，一七一一－一七九九），八十九歲。在位六十年，太上皇五年。

蛇

西楚霸王項羽己巳（前二三二－前二〇二），三十一歲。帝王中唯一生卒年干支為己巳者。

漢高祖劉邦乙巳（前二五六－前一九五），六十二歲。比項羽大二十四歲，所以拒絕項羽的單挑，而笑著說「吾寧鬥智，不能鬥力」。

清世宗胤禛丁巳（雍正，一六七七－一七三五），五十九歲。

馬

唐太宗李世民戊午（五九八－六四九），五十二歲。

元太祖鐵木真壬午（一一六二－一二二七），六十六歲。

清聖祖玄燁甲午（康熙，一六五四－一七二二），六十九歲。八歲繼位。

清宣統溥儀丙午（宣統，一九〇六－一九六七），六十二歲。三歲繼位，六歲退位。

羊

曹操乙未（一五五－二二〇），六十六歲。曹孟德想當「文王」，兒子曹丕卻追尊他為

「武帝」。

司馬懿己未（一七九－二五一），七十三歲。比曹操小二十四歲。曹操曾對曹丕說：「司馬懿非人臣也，必預汝家事。」曹丕不聽，司馬懿的孫子司馬炎終於篡魏，應了曹操「三馬食槽」的惡夢。

猴

武則天甲申（六二四－七〇五）由後宮而稱帝，實際掌權三十年。

金太祖阿骨打戊申（一〇六八－一一二三），五十六歲。一一一五年建國，在位九年，弟吳乞買繼位，兩年後（一一二五）滅遼，四年後滅北宋。一二三四年亡於蒙古，傳國一百二十年。

雞

漢武帝劉徹乙酉（前一五六－前八七），七十歲。

隋文帝楊堅辛酉（五四一－六〇四），六十四歲。於五八九年統一中國，結束南北朝四百八十年的分裂，卻被兒子楊廣所殺。

唐玄宗李隆基乙酉（六八五－七六二），七十八歲。在位四十五年，開元二十九年，唐之盛世；天寶十五年，唐由盛而衰。太上皇七年。

犬

三國東吳孫權壬戌（一八二－二五二），七十一歲。四十一歲繼位，在位三十年。

唐高祖李淵丙戌（五六六－六三五），七十歲。五十四歲即位，在位十年，太上皇八年。

太平天國洪秀全甲戌（一八一四－一八六四），五十一歲。三十八歲起兵，前後十四年。

豬

宋太祖趙匡胤丁亥（九二七－九七六），五十歲。九六〇年黃袍加身即帝位，在位十七年。

宋太宗趙光義己亥（九三九－九九七），五十九歲。九七六年繼位，九七九年滅北漢，統一中國。在位二十二年。

南宋高宗趙構丁亥（一一〇七－一一八七），八十一歲。

西夏太祖李繼遷癸亥（九三六－一〇〇四），四十二歲。九八五年李繼遷受遼冊為西夏王，至一二二七年亡於蒙古，二百三十三年間，始終為宋之大患。

以上包括屬龍在內的明太祖共三十二位有指標性帝王，屬龍的反而是極少數，可見生肖並不能決定什麼。人的際遇，有時是時勢造成的，有時卻是自己創造的，一旦功成，是禍是福，還很難確定。唐太宗說：「以古為鑑，可以知興替。」不是嗎？

巳蛇

蛇的原形，豈能無「它」

龍年過去了，據統計在龍年出生的嬰兒向來比其他生肖年多，可以說明傳統觀念的根深柢固。相對而言，蛇給人的觀感似乎就從來沒好過，每次遇到蛇年的元宵主燈都沒有以實際的蛇形設計，例如有一年是「鰲躍龍翔」，另外還有一年則是「騰蛟啟聖」，「鰲」、「蛟」何物？蛇又何辜！蛇的「委屈」，莫此為甚！

這或許就是蛇的宿命，古人見面時的問候語是「無它乎？」「它」是「蛇」的象形（偏旁「虫」字是後加的）。《說文解字．它》：「上古艸居患它（蛇），故相問『無它（蛇）乎？』」雖然如此，蛇既在十二生肖中，其它各物類輪值太歲時，都能光鮮耀目、揚眉吐氣地接受歡讚，到了蛇年，豈能獨被冷落而無「它」乎！

伏羲女媧人首蛇身

我們認知上的龍，形象是虛擬的，與實際存在的恐龍類完全不同，反而像極了蛇。聞一多在《伏羲考》一文中，就說龍的主幹部分和基本型態都取於蛇，證明在上古多圖騰的年代時，以蛇圖騰最為強大。在古代神話中，人們熟悉的兩位神人——伏羲和女媧，就都是「人首蛇身」，《列子》上有「伏羲女媧，蛇身而人面」的記載。伏羲畫八卦，結網漁獵，被認為是華夏文明的創造者，而女媧則是摶土造人的神。近代發掘的漢朝墓室壁畫中，常見伏羲戴冠，下身蛇尾上翹；又有伏羲、女媧相對而立，著冠服，人首蛇身，手捧日月的形象。都可說明蛇在原始圖騰崇拜中的實際狀況，即在現代，仍有許多民族保留著對蛇的崇拜，這種崇拜往往也是因畏懼而轉化。外國且不論，據學者研究，臺灣原住民的居處器物常見蛇形的雕飾，福建許多地方都有「蛇王廟」。更有意思的是，東漢許慎在《說文解字》裡對「閩」字的解釋，竟是「東南越，蛇種」，閩字在甲骨、金文中還沒出現，到了小篆才有，被列為「形聲字」，从「虫」、「門」聲。所以古代字書像《玉篇》等，閩字都還屬於虫部，可能到了清朝初年修《康熙字典》時，閩字才被畫歸門部。把福建地方的人認定為「蛇種」，身為福建人，生肖又屬蛇的，還能怎麼說呢！

人心不足蛇吞象

元朝曲家鄭廷玉在他的《崔府君斷冤家債主．楔子》中，有詩說：

得失榮枯總在天，機關用盡也徒然。人心不足蛇吞象，世事到頭螳捕蟬。

顯然是為警世而作。「人心不足蛇吞象」自然是形容貪得無厭的人心，也可以用來譏諷自不量力、異想天開的人，清朝陳球在《燕山外史》中有一段話：

此老乃知事不易諧，人難強合，巴蛇雖思吞象，彩鳳豈肯隨鴉？

意思非常清楚。那麼所謂「巴蛇吞象」又是怎麼回事呢？《山海經．海內南經》記載說：「巴蛇吞象，三歲而出其骨。」大蛇吞了象，經過三年才把象骨頭吐出來，象已經很大了，那這巴蛇究竟能有多大呀！兩千多年前屈原就已經在〈天問〉中提出了「靈蛇吞象，厥大如何」的疑問。「巴」也是象形字，小篆的巴字誇張地表現出蛇張開大口、怒目而視的樣子，所以「巴」被解釋成大蛇或者蟒。文字學家高鴻縉且以為「巴」是「蟒」的初字，是「巨頭蛇形」的樣子，後來「巴」字被借用為地名（四川巴縣），於是「蟒」就成了大蛇的專稱。而「巴陵」的得名，就由巴蛇吐出的象骨堆積如陵而來。無獨有偶，「巴」、「蜀」這兩個從「虫」的字，和「閩」字一樣，都和蛇脫不了干係！

靈蛇銜珠，酬謝恩人

晉代干寶《搜神記》記載：

> 隋侯出行，見大蛇被傷，中斷，疑其靈異，使人以藥封之，蛇乃能走，因號其處斷蛇邱。歲餘，蛇銜明珠以報之。珠盈逕寸，純白，而夜有光，明如月之照，可以燭室。故謂之「隋侯珠」，亦曰「靈蛇珠」，又曰「明月珠」。

靈蛇銜珠的故事述說蛇對人的報德，是典型的異類報恩故事；又因為「珠」的特殊，「靈蛇銜珠以酬德」就成為經常被引用的事典。「隋侯珠」與楚國荊山的「和氏璧」，都被用來比喻天下的至寶，如才高八斗的曹植，在給好友楊德祖的信中，綜論當時的文壇，說了：

當此之時，人人自謂握靈蛇之珠，家家自謂抱荊山之玉。

文中就用「靈蛇之珠」比喻文采才華，再加以引申，就是才德、智慧了。

靈蛇得水卜好年

與「巳」相配的天干有「乙」、「丁」、「己」、「辛」、「癸」五個，各隔六十年才出現一次。最近一個蛇年是「癸巳」年，「癸」在十個天干之末，就季節言是冬天，方位是北方，五行則屬水，屬水而坐北，有潤澤大地、促進萬物生長的氣象。蛇的體態蜿蜒屈曲，然而能屈能伸，雖無足而行動如飛。以「癸」配「巳」，證諸歷史上「癸巳」年的相對平和。

如果從秦始皇統一天下後的第一個癸巳年——秦二世二年（前二〇八）算起，到民國前、也就是清朝的最後一個癸巳年光緒十九年（一八九三）止，長達兩千一百零一年，總計有三十五個癸巳年。讓人訝異的是，所有的癸巳年，竟然都沒有什麼驚天動地的災難或戰爭，安和太平，而乾隆三十八年癸巳（一七七三）還開始編纂《四庫全書》，以紀昀為總編纂，這是空前的文化大業。

帝子為王命由天

與其它生肖相比，蛇年確實比較沉寂，尤其是癸巳年。從秦始皇到清光緒，癸巳年出生的帝王只有後魏廢帝和北周靜帝，後魏廢帝一繼位就被廢殺，得年二十歲。北周靜帝幼沖登基，被隋文帝楊堅所害，才九歲。其它肖蛇的帝王，值得一提的，屈指可數。

第一位屬蛇的皇帝是漢高祖劉邦（前二五六乙巳），他自稱是「赤帝子」，殺了「白帝子」而稱帝。於是，「斬白蛇起義」的傳奇，在小說、戲曲中不斷出現，甚至成為科舉考試的題目。古人或以「白帝子」比作秦王朝，不過劉邦是從西楚霸王項羽手中爭得天下的。項羽也屬蛇（西元前二三二己巳），比劉邦足足小了二十四歲，而兵敗自刎時才三十一歲。劉邦擊敗項羽後，當了八年皇帝後崩逝，終年六十二歲，也足足比項羽多活了一倍歲月。楚、漢之爭，實為大蛇與小蛇之爭，同「肖」相殘，情何以堪，以力鬥智，又足為殷鑑！

劉邦以後，屬蛇的帝王還有十五位，而比較其中重要的帝王，只有東漢第三位皇帝章帝和清朝第五位皇帝雍正，兩人都是丁巳年生的「蛇」皇帝。章帝（五七－八八）十九歲繼位，在位十三年，終年三十三歲；他和父親明帝，加起來共是三十二年的帝王，史稱「明章之治」。雍正（一六七七－一七三五）於四十六歲時才繼位，當了十四年皇帝，終年五十九歲。雍正繼位的正當性一直有疑議，如今連他的後宮生活，也被改編為電視劇《甄嬛傳》，又多了權謀算計，聳動一時，雍正如地下有知，也只能徒呼負負了。

引領風騷文星現

生肖屬蛇的文人雖也不多，但文采煥發，成就斐然。

中國文學史上第一部有系統的文學理論著作《文心雕龍》的作者劉勰，是西元四六五乙巳年生的。在一千五百多年後的今天，《文心雕龍》的研究已經成了所謂的「龍學」，可見其重要性。

比劉勰晚三十六年的梁朝昭明太子蕭統（五〇一辛巳），編纂了文學史上另一部重要的經典著作《文選》，《文選》發凡起例，影響深遠，沾溉了許多文學家，在南宋時更流行了「文選爛，秀才半」的話，而且早已有「選學」的出現。

比蕭統又小十二歲的庾信（五一三癸巳），是詩聖杜甫最推崇的前代詩人，他在〈哀江南賦〉裡所表現的故國深情，贏得杜甫「庾信平生最蕭瑟，暮年詩賦動江關」的讚嘆！

唐朝古文家皇甫湜（七七七丁巳）是韓愈的弟子，承傳韓愈奇崛的文風。北宋歐陽修的同榜進士石介（一〇〇五乙巳）和大儒周敦頤（一〇一七丁巳）、蘇門四學士之一的晁補之（一〇五三癸巳）、兩宋之際的葉夢得（一〇七七丁巳）等人都肖蛇。周濂溪的〈愛蓮說〉，傳誦千古，而人品如「光風霽月」，足為典範。南宋的大詩人陸游（一一二五乙巳）活到八十六歲，是極少數長壽的詩人之一，他的愛國情操，感動梁啟超，歌詠他是「亙古男兒一放翁」。其後，明朝的徐渭（一五二一辛巳）、清朝的吳敬梓（一七〇一辛巳）、朱彝尊（一六二九己巳）、黃景仁（一七四九己巳）等人也肖蛇，文星乍現，他們在文學和文化上的成就，都是不朽的貢獻。

蟒螣委蛻自成仙

蛇和龍的地位，早在春秋時代就被設定了。《左傳》在記述晉國公子重耳流亡十九年後，終於能回國當國君，是為晉文公。晉文公賞賜追隨自己流亡的人，卻把介之推忘了。介之推帶著母親躲進綿山，朋友們為他不平，就在晉國宮門張貼大字報說：「龍欲上天，五蛇為輔。龍已升雲，四蛇各入其宇，一蛇獨怨，終不見處所。」晉文公是「龍」，追隨他的人是「蛇」，則「龍」主「蛇」輔的定位，不言而喻。

但文獻上也有一些記載，使得蛇和龍之間存在著模糊曖昧。像「蛇成龍」、「蛇化為龍，不變其文」、「期蛇作龍之不羞」、「龍寄蛇腹」、「龍無角為蛇」、「有小龍狀如蛇」等等說法，散見各類書籍。無論如何，龍的形象是虛擬的，蛇則是真實的，如果說蛇是「小龍」，那也可以說龍是「大蛇」。古人以為最大的蛇是「蟒」，也就是「螣」，「螣」既被認為是「龍類」，又被稱為「靈蛇」，還是天上的星宿呢！

仲長統〈見志詩〉「騰蛇棄鱗」用以比喻「至人達士，超世拔俗，委蛻萬物之上」，在蛇年祝福人們適時捨去負累，以求脫胎換骨。

午馬

此馬翩翩非凡馬

馬在《易經》的〈坤〉、〈屯〉、〈賁〉、〈大畜〉、〈中孚〉等卦都曾現身。《易經・乾卦》以龍為象，「飛龍在天」則為九五之尊，而〈坤卦〉卦辭說：「坤，元亨，利牝馬之貞。」則以馬為象。古人說：「龍在天而飛者也，馬在地而行者也。」龍與馬一陽一陰，龍飛天際，馬行大地，龍與馬曾經負圖出河，就是所謂「河圖」，伏羲氏受「河圖」而畫「八卦」，是祥瑞的象徵。唐人李郢曾經用「龍馬精神」稱讚四朝元老、功在唐室的裴度，因為他「憂國鬢成絲」。龍和馬自是最佳搭擋，甚至二合為一，「飛龍」、「天馬」向來合稱，但龍只可想像而難以描述，馬卻是人間六畜（馬、牛、羊、雞、犬、豕）之首，和人的關係非常親密，在《詩經》中，「我馬」、「其馬」頻頻出現，就是最好的說明。

《晉書・天文志》載：「房四星，……亦曰天駟，為天馬，主車駕。南星曰左驂，次左服，次右服，次右驂。亦曰天廄。」四匹馬拉車，中間兩匹叫做「服」，外側兩匹叫做「驂」。也就是說，天上「房宿」的四顆星，就是「天馬」星。晚唐詩人李賀說：「此馬非凡馬，房星本是星。」如今「天馬」翩翩來到人間，世人自應歡歡喜喜地迎接。

「甲午」馬曾經滄桑

歷史上最為人所知的馬年是「甲午」。一提到「甲午」，立即會想到的是「甲午戰爭」。清末光緒二十年（一八九四）七月，光緒皇帝下詔對日本宣戰，當年正是甲午年。結果呢？清廷的海軍和陸軍完全潰敗。次年正月，光緒派李鴻章與日本議和，在三月二十三甲午日這一天，簽下了「馬關條約」，把臺灣割讓給日本；五月，臺灣宣布獨立，推唐景崧為總統，抗拒日本，但九月就被日本佔領。那已是一百二十年前的事了。同一年，孫中山先生成立興中會，開始為救亡圖存而奮鬥；十八年後，中華民國成立；五十年後，日本在二戰戰敗無條件投降，臺灣光復。

歷史上的甲午馬年，還曾經發生那些大事呢？且看：

西元前六二七年 當春秋時代晉襄公元年。四月，晉國和姜戎的聯軍，擊潰西部強權秦穆公的大軍於崤山、函谷關之間，秦國三個統帥全被活捉。秦國大軍三百乘（三百輛）戰車、兩萬兩千五百名戰士「匹馬隻輪無返者」，幾乎全軍覆沒，秦軍慘敗，史稱「秦、晉崤之戰」。這是兩千六百四十年前的事。

西元前二〇七年　當秦二世三年。八月，劉邦入武關，九月入嶢關。十一月，項羽大破秦軍。秦相趙高殺二世，立子嬰，子嬰又殺趙高。次年，子嬰投降，秦滅亡。又四年，項羽戰敗自殺。劉邦當上皇帝，就是漢高祖，在位八年，於西元前一九五丙午年四月卒，六十二歲。

西元前八七年　二月，漢武帝崩，七十歲。漢武帝肖雞，他是少數壽登古稀的帝王之一。

西元一二三四年　春，盤據中國北方一百二十年，幾乎顛覆趙宋的女真王朝「金」，被蒙古滅亡。

西元一六五四年　清將明安達禮擊敗俄將斯特巴諾於松花江口，俄國派使者到北京打探虛實。是清朝與俄國接觸之始。

兩千多年間，甲午馬年的重大事件，僅此而已。除了甲午，還有丙午、戊午、庚午、壬午四個馬年，不可不提的也只有兩件大事：

西元一一二六年　當北宋欽宗靖康元年。冬，金兵攻陷京師汴京，欽宗投降，北宋亡。次年四月，金人擄徽、欽二帝及后妃宗室大臣三千餘人北去，就是岳飛所說的「靖康恥」。五月，康王趙構即位於商丘，是為南宋。

西元一四〇二年　當明朝建文帝四年。六月，燕王朱棣率兵入南京，建文帝失蹤，燕王稱帝，即明成祖。

北宋降於金到金被蒙古滅亡，中間已相隔百餘年，其它在馬年發生的重大事件，相隔都是兩、三百年，所以相對而言，馬年顯得相當平和，但一旦有事，必然天翻地覆。

馬年誕生哪些帝王？

馬年的大事已如前述，那麼，馬年又誕生了那些人物呢？先看帝王：

漢朝：元帝丙午（前七五）、成帝庚午（前五一）、安帝甲午（前九四）。

東晉：安帝壬午（三八二）。

南朝：宋少帝丙午（四〇六）、孝武帝庚午（四三〇）。

北朝：後魏獻文帝甲午（四五四）、北齊文宣帝高洋丙午（五二六）。

唐朝：太宗戊午（五九八，太宗二十九歲即位，在位二十四年，五十二歲卒）、德宗壬午（七四二）、憲宗戊午（七七八）、武宗甲午（八一四）、僖宗壬午（八六二）。

十國：閩太祖壬午（八六二）、後蜀高祖甲午（八七四）、楚衡陽王戊午（八九八）、閩太祖壬午（八六二）。

金朝：哀宗戊午（一一九八）。

元朝：太祖壬午（一一六二）、太宗丙午（一一八六）。

明朝：仁宗戊午（一三七八）、光宗壬午（一五八二）。

清朝：聖祖康熙甲午（一六五四，八歲繼位，在位六十一年）、雍正戊午（一六七八）、末帝宣統丙午（一九〇六）。

兩千餘年間，大小帝王約兩百五十一位，肖馬的只有二十四位，其中唐太宗李世民、元太祖鐵木真、清聖祖康熙三位自是特別突顯。再者，唐朝帝王肖馬的特別多，計有五位。宋朝合南北宋共三百餘年、十八帝，竟無一位肖馬。清朝康熙肖馬，而且正是「甲午」馬，是五位甲午馬帝王中的翹楚，奠定了康雍乾盛世（雍正肖馬，乾隆肖兔），然而他的第七世光緒卻在甲午戰爭嚴重挫敗，國本動搖，到了第八世宣統，雖然也肖馬，再也回天無力，只能拱手讓出兩百六十九年的天下。

馬年誕生哪些文士？

唐朝書法家柳公權，字誠懸，西元七七八戊午年生。唐穆宗曾問他怎麼寫字，他回答說：「心正則筆正，筆正乃可法矣。」穆宗肅然起敬，知道柳公權「以筆諫也」。

晚唐天才詩人李賀，字長吉，是唐朝宗室，西元七九〇庚午年生。宋人說，「太白仙才，長吉鬼才」、「太白天仙之詞，長吉鬼仙之詞。」李賀肖馬，因而特別喜歡詠馬，有〈馬詩〉二十三首，其四說「此馬非凡馬，房星本是星。向前敲瘦骨，猶自帶銅聲。」借馬自喻身世的尊貴和才情的不凡。

北宋名列蘇門四學士的張耒，字文潛，一〇五四甲午年生，一一一四甲午年卒。生卒都在甲午年。

南北宋間的重要詩人陳與義，字去非，號簡齋，一〇九〇庚午年生，以風格近杜甫，特別受到後世推重。

南宋的范成大、周必大兩人，同是一一二六丙午年生。范成大是南宋四大詩人之一，與陸游、楊萬里齊名；周必大則名位既高，又重編歐陽修詩文集，貢獻極大。

葉適，字夢得，號石林居士，一一五〇庚午年生，所撰《石林詩話》、《石林燕語》等，都膾炙人口。

元朝散曲大家張養浩，字希孟，一二七〇庚午年生。

明朝戲曲家寧憲王朱權，一三七八戊午年生。

清朝大詞人納蘭性德，字容若，和康熙皇帝同是一六五四甲午年生。康熙當了六十一年皇帝，壽近古稀，而納蘭詞作感傷悽惋，三十二歲就去世了，同為甲午馬年生人，遭遇乃如此不同。

「天馬」行空，創意無限

古人以為天上的「房宿」四星，就是「天馬」星，馬既上應星象，自然可以帶來吉祥。兩千多年前，漢武帝為了得到汗血千里馬，不惜大動干戈，派兵攻打西域大宛國，獲得寶馬，還作歌讚頌汗血馬是「太乙貢兮天馬下。……今安匹兮龍為友！」認定天馬歸漢是上天的賞賜，而且只有龍才能與天馬相比。所以，天馬的降臨，打破了古人「龍在天而飛」、「馬在地而行」的定見，天馬也可以「行」於天「空」，奔騰飛躍，一往無前。當天馬下凡時，希冀人人都能如「天馬行空」般，表現自己最特殊的才華，無往而不利。

凡馬皆馬，靜待伯樂

話說回來，雖然馬有日行千里的「騏驥」和懶散怠惰的「駑駘」，這兩種相當不同，但是無疑都是馬，不能陷入「白馬非馬」的辯證而說「駑駘非馬」，就像不能說有色人種「非人」一樣，因為所有的馬都有共同的馬性。《莊子・馬蹄》篇有兩小段文字，對馬的習性有相當簡要而傳神的描述：

馬，蹄可以踐霜雪，毛可以禦風寒。齕（咬嚼）草飲水，翹足而陸（跳躍）。陸居，則食草飲水。喜，則交頸相靡（摩擦）；怒，則分背相踶（踢）。

馬的這些習性，凡是看過馬的人，都會會心一笑。

「千里馬」所以不同於「駑駘」，必然是有一些特殊的「形相」，「伯樂」和「千里馬」的比喻膾炙人口。伯樂名叫「孫陽」，據說是春秋時代最擅長於「相馬」的人，但他卻推崇另一位「九方皋」的境界，他對秦穆公說：

> 良馬，可形容筋骨相也。天下之馬者，若滅若沒，若亡若失（恍惚而不定）。若此者絕塵弭轍。……有九方皋，此其相馬，非臣之下也。……穆公見之，使行求馬。三月而反。報曰：「已得之矣，在沙丘。」公曰：「何馬也？」對曰：「牝而黃。」使人往取之，牡而驪。……公曰：「色物牝牡尚弗能知，又何馬之能知？」伯樂曰：「……若皋之所觀天機也。得其精而忘其粗，在其內而忘其外。見其所見，不見其所不見；視其所視，而遺其所不視。若皋之相馬，乃有貴乎馬者也！」馬至，果天下之馬也。

「天下之馬」是全天下最好的馬，不能只看「形容筋骨」等外表，而是要看牠內在的天賦，「取其神駿，略其玄黃牝牡」，意思就是不能「以貌取馬」。但九方皋畢竟不常有，那「形容筋骨」等外在形相又該如何看呢？相傳是伯樂所著的《相馬經》中，有一段話可以參證：

> 馬頭為王，欲得方。目為丞相，欲得明。脊為將軍，欲得強。腹為城郭，欲得張。四下為令，頭欲長。眼欲得高眶，……紫艷光。……鼻孔欲得大，鼻頭欲得有王、火字。膺門（前胸）欲開，汗溝（中脊）欲深。口中欲得赤，頰欲滿如月，膝骨欲得圓

而張，耳欲得相近而豎，小而厚。

再來就要用心好好照顧調教，「策之以其道」，「飼之盡其材」，「鳴之通其意」，然後才有可能成為「千里馬」。

唐朝韓愈提出了「伯樂」和「千里馬」的比喻，又在〈畫記〉一文中，巧妙地寫出了畫中八十三匹馬的二十七種不同姿態：

> 馬大者九匹。於馬之中，又有上者、下者、行者、牽者、涉者、陸者、翹者、顧者、鳴者、寢者、訛者、立者、人立者、齕者、飲者、溲者、陟者、降者、癢磨樹者、噓者、嗅者、喜相戲者、怒相踶齧者、秣者、騎者、驟者、走者、載服物者、載狐兔者。

觀察細膩而又描寫生動，難怪歐陽修讚嘆說：「吾不能為退之〈畫記〉！」

「馬」言「馬」事

馬居六畜之首，和人的互動極為密切，如「人喊馬嘶」、「人困馬乏」等詞語，都可以看出人和馬之間的形神相通，所以古人對馬的觀察也特別仔細，因此，馬的全身幾乎都入了詞語，舉例如下：

「馬首」是瞻 《左傳》載，春秋時晉國大夫荀偃對部將說：「雞鳴而駕，塞井夷灶，唯余馬首是瞻。」比喻跟隨某人行動。

「馬首」靡託 晉·趙至〈與稽茂齊書〉：「日薄西山，則馬首靡託。」比喻無可依賴。

「馬面」牛頭 佛教指地獄中的兩個鬼卒，一個臉像馬，一個頭像牛。清人陳璧詩：「神通變化一瞿曇，馬面牛頭怪久諳。」或作牛頭馬面，比喻醜陋兇惡的打手、惡人。

「馬齒」徒增 《公羊傳》作「吾馬之齒亦已長矣！」《穀梁傳》作「馬齒加長矣！」後來多作「馬齒徒增」。比喻只有年齡增加，學識品德都沒有長進。

「馬耳」東風 李白〈答王十二寒夜獨酌有懷〉詩：「世人聞此皆掉頭，有如東風射馬耳！」蘇軾〈和何長官六言〉詩：「青山自是絕世，無人誰與為容。說向市朝公子，何殊馬耳東風。」比喻對別人說的話聽若不聞，無動於衷。

「馬腹」避火　晚唐段成式《酉陽雜俎》：「徐敬業年十餘歲，好彈射；英公（敬業祖父徐勣）每曰：『此兒相不善，將赤吾族。』英公嘗獵，命敬業入林趁獸，因乘風縱火，意欲殺之。敬業知無所避，遂屠馬腹，伏其中。火過，浴血而立。英公大奇之。」比喻險中求生的機智。

「馬肝」毋食　《燕丹子》載，荊軻與燕太子丹共乘千里馬。荊軻曰：「千里馬肝美。」太子即殺馬進肝。古人以為馬肝有毒，食之致死。漢武帝殺了欺騙自己的方士文成將軍，卻推說是食馬肝而死。宋初楊億〈漢武〉詩有「力通青海求龍種，死諱文成食馬肝」兩句，諷刺漢武帝好大喜功又迷信方士；「龍種」就是漢朝西域大宛國所產汗血馬。

「馬胎」必入　宋朝釋惠洪《冷齋夜話》：「李伯時善畫馬。」法秀師曰：「公業已習此，則日夕以思其情狀，求為神駿，繫念不忘，一日眼光落地，必入馬胎無疑，非惡道而何？」伯時大驚，不覺身去坐榻曰：「今當何以洗其過？」師曰：「但畫觀音菩薩。」自是畫此像妙天下。李公麟（一〇四九己丑－一一〇六）字伯時，號龍眠居士，北宋人，原來以畫馬出名，受到法秀和尚的規戒，改畫觀音佛像，聞名於世。因善畫馬而來生必為馬，自是佛教輪迴之說。

「馬革」裹屍　《後漢書．馬援傳》載，馬援說：「男兒要當死於邊野，以馬革裹屍還葬耳！」比喻決心為國家戰死沙場。

「馬蹄」踐雪　《莊子．馬蹄》篇：「馬，蹄可以踐霜雪。」馬蹄的特殊功能。

「馬尾」縫眼　明朝瞿祐《歸田詩話．虞伯生草詔》：「順帝為明宗子，文宗忌之，……詔書有曰：『明宗在北之時，以順帝為非其子。』文宗晏駕，寧宗立，八月崩，國人迎順帝立之。……命四方毀棄舊詔。伯生時在江西，以皮繩拴腰，馬尾聲縫眼，夾兩馬間，逮捕至大都，……至則以文宗親改詔稿呈，……遂得釋，兩目由是喪明。」用粗的馬尾把眼睛縫起來，幾乎是自殘以謝罪。

「馬肥」致遠　漢朝王符《潛夫論》：「馬肥，然後遠能可致也。」

「馬瘦」毛長　南宋釋普濟《五燈會元》載，法演禪師曰：「人貧智短，馬瘦毛長。」

「馬前」潑水　據《鶡冠子》載，呂尚（姜太公）窮困時，妻馬氏不堪貧苦，要求離婚。後呂尚輔佐周文王、武王，地位顯赫，馬氏又要求復合。呂尚潑水於馬前，謂馬氏如能將水全部收起，便可復合。故稱「馬前潑水」，似與馬無關。其後西漢朱買臣亦有類似情事，則確是在馬前潑水，比喻已成事實，難以恢復。

「馬前」卒　韓愈〈符讀書城南〉詩：「一為馬前卒，鞭背生蟲蛆。」

從「馬首」到「馬尾」，「馬面」到「馬腹」，「馬革」到「馬蹄」，「馬齒」、「馬耳」、「馬肝」、「馬胎」，以至馬的「肥」、「瘦」都出現了，已經相當有看頭，如再把諸多俗語及術語（如「馬後炮」）等等都加入，將更為可觀。

馬到成功

人為了馬如此費神，真到了「馬仰人翻」（見《封神演義》、《紅樓夢》）的地步。世間肖馬者何止千萬人，所有肖馬的朋友，都該有「此馬非凡馬」的抱負，以「天馬」自期，但願在「天馬」年，有心做事的人都能體會「馬上得天下，寧可以馬上治之」的道理，又能有「塞翁失馬，焉知非福」的豁達，千萬不可「意馬心猿」、「指鹿為馬」，而弄得「馬失前蹄」、「人仰馬翻」（見《官場現形記》），應該「秣馬利兵」，使「士飽馬騰」，然後「勒馬銜枚」，沉穩應變，待機而動。當可以「一馬當先」、「快馬加鞭」、「萬馬駢馳」，於「長河飲馬」，聽「蕭蕭馬鳴」，然後收「馬到成功」的契機！

未羊

三「羊」開泰

在正月初一，正式進入新的生肖年。根據《易經》的說法，正月在六十四卦中是「泰卦」，「乾」卦在下，「坤」卦在上。而乾卦是由三個陽爻構成的，從舊年十月「坤卦」的六爻全陰以後，陰氣逐月減少，陽氣則逐月增多。

到了正月，已經累積了三個陽爻，陰消陽長，冬去春來，是吉祥亨通的氣象。而「泰」卦引申到人事上，又有「小人道消，君子道長」的內涵，所以從前就用「三陽開泰」作為正月初一的吉祥話。

羊年在十二地支中與「未」相配，「羊」字又可通「祥」字，是吉祥的意思。羊年時可用「三陽開泰」、「吉祥如意」這兩句吉祥話，祝福眾人「否極泰來」。

《詩經》有〈羔羊〉篇，稱頌卿大夫的忠於職守、廉潔節儉、意志堅定與進退有度。

所以歷來多用「羔羊之節」、「羔羊之意」來讚美做官有為有守的人。而小羊在吃母乳時，兩隻前腿跪在地上的「跪乳」表現，更被引申為孝順感恩的意義。羊的美德，含括了「忠、孝、節、義」，這是在羊年該有的認識。

羊之性情為狠？

一般人提到羊，就會聯想起柔順，但古人對羊的性情，卻用「狠」字來形容。《史記．項羽本紀》就用「猛如虎，狠如羊，貪如狼」來描述項羽，而「羊狠狼貪」就成為古人常用的話。《莊子．漁父》篇中說：「見過不更，聞諫愈甚，謂之狠。」意思是說，知道過失卻不肯改，聽了規諫的話，不但不接受，反而更變本加厲地繼續做下去，就叫做狠。

或許牧羊人對羊的狠勁最能夠了解。據說，羊群間相互角觝時，是一點都不留情的，必要讓對方肚破腸穿才罷休，不知是也不是？說到「羊腸」，人人都知道是比喻曲折狹窄的小路，當然也被利用來形容世路的坎坷；人在失意的時候，總會感歎「世間何處不羊腸」。

歷史上有十八位帝王屬羊，值得一提的、可稱得上有所作為的，只有梁簡文帝和南宋孝宗。其他肖羊的帝王，如西漢哀帝只活了二十六歲，而乙未年生的曹操，就是無法實際成為皇帝。哀哉！另外，羊年誕生的名人還有陳子昂、元稹、賈島、杜牧、歐陽修、曾鞏、司馬光等人。

在羊年發生的事件有，秦朝滅亡、王莽被殺、諸葛亮作〈出師表〉、武則天開始掌政、安史之亂、北宋滅亡、馬關條約簽訂、五四運動等大事。

但願未來的每個羊年，都會是大吉大利的，而不是「狠戾」的不祥之年！

申猴

送「羊」接「猴」

古人把每年的最後一天稱為「除日」或「歲除」，當天晚上便是「除夕」或「除夜」。到了除夕的子夜十一點，也就是子時開始的時刻，舊的一年在爆竹中結束，新的一年緊接著到來。在舊年與新年交替的時候，沒有一分一秒的停息，完全是延續連接的。新年的頭一天，就稱為「元日」或「元旦」，年是換了，人呢？人們在這個時候自然也該有一些新的思維、新的考量，「人心物態兩推移」、「年光除日又元日，心事新吾非故吾」等話語，正是最好的說明。

從前在除夕是要守歲的，守歲多少有對即將過去的一年表示惋惜不捨的用意：

王銍〈除夕〉：「一歲盡今夕，既往哪可追。」

周倫〈除夕〉：「少小樂新歲，老大悲除夕；除夕胡然悲，夕除不再獲。」

何景明〈除夕述哀〉其一：「世事相倚伏，日夜更代謝。百年能幾時，一歲只今夜。」

梅堯臣〈和歲除日〉：「一年三萬六千刻，玉漏惟餘十二時；去日苦多誰會惜，殘陰全少頗能知。已驚顏貌徐徐改，不奈烏蟾冉冉馳。萬國明朝賀新歲，東風依舊入春旗。」

這些都代表了年紀稍長的人的共同感觸，因為除夕一過，一個「三萬六千刻」的光陰也就永遠追不回了，「去日」與時俱增，「來日」便相對減少，容貌隨著歲月漸漸失去光澤，不再青春俊俏，但時序卻有如轉輪，不會因為人們的慨歎而停止。因此，如果能夠有「東風依舊入春旗」的認知，才會有「但知舊歲逢新歲，不覺中年又晚年」的豁達。

歷史上的「猴」年

中國歷史上多個朝代的猴年，都發生了一些驚天動地又巧合的大事：

武則天生於猴年，也在猴年實際成了女皇帝，前後掌權十六年。

本。

唐明皇創造了「開元之治」的奇蹟；卻讓安祿山在猴年稱帝，動搖了大唐帝國的國

宋太祖在猴年發動「陳橋兵變」，黃袍加身成了皇帝。

忽必烈在猴年宣告蒙古的崛起，但元朝也是在猴年滅亡的。

朱元璋於猴年建立了明朝，然而明朝最後一個皇帝崇禎，也是於猴年在北京的煤山上吊而亡。

清朝在猴年定都北京（一六四四），然後英法聯軍焚燒圓明園、慈禧太后死亡等事件，都在猴年發生。

在文化界，孔子修《春秋》，絕筆於兩千四百八十五年前的猴年。而猴年出生的文學家，如曹植、韓愈、周邦彥、辛棄疾、文天祥、張炎、楊維楨、方苞、袁枚等人，他們的表現，在歷史上也都有一定的地位。

酉雞

「雞」鳴而起

長年住在都會區的人，偶而還能在深夜裡聽到遠方傳來的斷續狗吠聲，但在清晨，幾乎是完全聽不到雞鳴了。《詩經》中「風雨瀟瀟，雞鳴膠膠」的意境，只能靠著日漸淡薄的回憶，去做不著邊際的想像。雞鳴是一種天籟，那幽遠又雄渾的聲音，絕對比鬧鐘鬧鈴來得動聽可愛，尤其在沒有雞鳴而起的壓力時，如果再加上瀟瀟風雨，正可以賴在被窩裡，讓思維隨著風聲雨聲在雞鳴聲中自由自在地馳騁，應該也是很愜意的。如今，只聽到風雨瀟瀟的聲響，而沒有劃破長空使天地漸白的雞鳴，總覺得若有憾焉，什麼時候才能再有「風雨高臥聽雞鳴」的閒逸，重溫往昔的年少情懷。

雞鳴而起應該只代表一種生活習性，或許很接近現在流行的睡到自然醒。只有在萬不得已的時候，才必須要雞鳴而起，或雞未鳴便起，當年張良的奇遇便是如此。少年張良一本惻隱之心，替黃石老人撿起鞋子，又替老人穿上，博得老人家「孺子可教」稱讚；老人於是和張良約定五日後一早見面，老人起得早，張良即使在天正亮時到達，也已經遲到了，還惹老人家生氣，罵他不懂敬老。第二次張良在雞鳴時就去，結果還是落後；第三次張良只好在夜半前就先到，也才比老人家早一點點。照蘇東坡的說法，黃石老人是故意要磨練張良，讓他修養「忍」的工夫，奠定日後建功立業的基礎。或者張良可不這麼想，他從頭到尾只是「好奇」，想要知道老人家葫蘆裡裝的究竟是什麼，所以才賭氣起個絕早。

聞「雞」暗舞

如果講起「聞雞起舞」，連小學生都知道是晉代「祖逖」的故事，怎麼會變成「聞雞暗舞」呢？

先說說祖逖吧！根據《晉書》的記載，祖逖年少時已是孤兒，五位兄長都很爽朗而有才幹，只有祖逖到了十四歲還不知道該讀書上進，但他的個性豁達放蕩，為人輕財好俠、慷慨有節，常常假借兄長的名義散發米穀布匹周濟貧困，所以相當受到敬重。後來博覽書史，因而通曉古今治亂根本。二十四歲時和劉琨成為好朋友，同床共被，有一晚，「中夜」一聞「荒雞」一鳴，祖逖踢醒劉琨，認為荒雞啼叫，正是「惡聲」，天下將會大亂。於是兩人起身舞劍練功，彼此互相勉勵，如果天下動亂，要各自努力，建功立業。所以劉琨常有「吾枕戈待旦，志梟逆虜，常恐祖生先吾著鞭」的自我警惕！在西晉末東晉初年（三一五—三二一）間，兩人各自成就了不凡的功業，劉琨官拜「司空」，祖逖封「鎮西將軍」。祖逖病死時，「士女若喪考妣，百姓為之立祠」，可見他深得人心。

所謂「中夜」就是半夜，而「荒雞」則是指雞「夜鳴不時」或「無故群鳴」，也就是不該啼的時間而啼叫。古人以為聽到荒雞啼叫，則「國亂將起」，是不祥之兆。所以祖逖半夜聽到雞鳴，就有天下將亂的認定，既然形勢如此，正是一展抱負的好機會，因為時勢可以造英雄呀！所以祖逖要劉琨一起起身練劍，準備待機而動。祖逖聽到雞啼是在半夜時分，天色仍暗，因此兩人是在「暗夜」中舞劍。所以修《晉書》的房玄齡等人，在〈祖逖傳〉後，借「史臣」的口吻說：「祖逖散穀周貧，聞雞暗舞，思中原之燎火，幸天步之多艱。原其素懷，抑為貪亂者矣！」用的是「聞雞暗舞」，而且對祖逖原來的存心有所質疑。從唐人有「人心一淆，則有聞雞起舞者矣」的話，說明了乘亂而起是所謂「豪傑之士」的共同心態。後世熟用「聞雞起舞」，卻已忘了那雞原是「荒雞」，舞是「暗舞」。祖逖一生保家衛國，並使權臣忌憚，成為亂世中國家的棟樑，則用「聞雞起舞」概括他的志向，自然是無庸置疑的。

寧為「雞」口

司馬遷替蘇秦寫傳記，說蘇秦是鬼谷子的學生，想逞其口才，博取富貴，卻失意的回家，「兄弟嫂妹妻妾皆笑之」，讓蘇秦大為難堪。於是更加發憤苦讀，用心鑽研《陰符經》，自認為已經讀通後，於是重新出發。開始時，他一樣被周顯王、秦惠王和趙國的執政奉陽君所拒絕嘲諷，但他不氣餒，終於先說服了燕文侯，再回到趙國，贏得趙肅侯的信任，更挾著趙國的「國際地位」，依次得到韓宣惠王、魏襄王、齊宣王和楚威王的委任付託，於是六國「合縱」聯合對抗秦國的態勢形成。蘇秦以六國宰相的身分衣錦榮歸，當初笑他的親人都伏身在地，「側目不敢仰視」。蘇秦諷刺地質問怎麼「前倨後恭」？他嫂嫂回答得好：「正因為你位高多金呀！」蘇秦不禁感慨萬千，連親人都如此「勢利」，何況別人！所謂別人。是指周顯王「扁」，這位已經名存實亡的「天子」，不僅「前倨後恭」，還因為心中「恐懼」，派人清掃道路並遠到都城郊外去迎接蘇秦。看來這真是「人之常情」、「無可厚非」呀！也難怪即使在現今這種「官不聊生」的民主時代，還有人對「做官」趨之若鶩，因為對他們而言，做官畢竟是「位高多金」、可以驕其妻妾的「不二法門」呢！

蘇秦鼓其三寸「未」爛之舌，好不容易說服了燕王、趙王，下一個目標鎖定了與秦國緊鄰的韓國。蘇秦對韓王鄭重其事地用了「寧為雞口，無為牛後」的俗諺，認為韓國「西面交臂而臣事秦，何異於牛後乎？」「以大王之賢，挾強韓之兵，而有牛後之名，竊為大王羞之！」說得韓王「勃然作色、攘臂瞋目、按劍仰天太息！」下決心加入「合縱」聯盟。韓王的反應是諸侯中最強烈的，可見蘇秦「牛後」的諷刺真正擊中了韓王的要害。

「雞口」雖小，是用來進食的；「牛後」雖大，卻是用來排洩的。「寧為雞口」，正是為了維護個人的尊嚴，堅定個人的自信。這話必是戰國以前就廣泛流行的諺語，據說在《戰國策》中本來是作「寧為雞尸，不為牛從」的，意思是說寧可做雞群的領導者，不做大牛的小跟班。因為「尸」和「口」，「從」和「後」字形相近而訛誤，這種說法雖然也可以接受，但還是不如「寧為雞口，不為牛後」說得清楚明白，何況「口」與「後」還押了韻。

或許，當人人都有「寧為雞口」的自尊與自許時，這個社會才能避免繼續「沉淪」下去吧！

祈望金「雞」

「金雞」一詞，最早出現在《易緯・是類謀》：

當藏者出，當出者消，危處易期。泰山失金雞，西岳亡玉羊。

根據漢朝經學大師鄭康成的解釋，「當藏者出」是說白天看不到太陽，只見虹霓炫耀；「當出者消」是夜晚看不到月亮；「危處易期」是危險與安定改易。至於「金雞」和「玉羊」，則是「泰山」和「華山」的精魄。

這一段話被引申到人事上，就有如「君子道消，小人道長」一般，代表政治陷於混亂，已到了無可收拾的地步。

「金雞」的另一個記載，見於《括地圖》：

東海有桃都山，大桃樹盤曲三十里，上有一金雞，下有二神人：一名鬱，一名壘；各持葦索，用捉不祥之鬼。及天將旦，日照，金雞鳴，天下眾雞悉從而鳴。金雞鳴迄，下食惡鬼。金雞鳴時，百鬼皆走避也。

這隻金雞，在日出時啼叫，帶動天下所有的雞啼鳴，各類惡鬼都紛紛逃避，來不及跑的，就會被「鬱」、「壘」兩神捉拿，讓金雞吃掉。這段敘述，古人或深信不疑，今日看來，顯然是一則神話，但也不妨姑妄聽之。

「金雞」與古人最密切的關係，則表現在政事上。根據文獻，大概在「後魏」、「北齊」（第三、四世紀間）時，某位「皇帝」在下令大赦時，舉行了隆重的儀式：先豎起高七丈的竹竿，竿頂紮一隻雞，高四尺，用黃金塗飾雞頭，就叫做「金雞」，然後進行赦免罪犯的程序。為什麼要這麼做，則有不同的解釋，或說是「天雞星動」，或說是「雞神」主號令，都與天象和五行有關。從此以後，「金雞」便成了「大赦」的代稱。人間帝王藉此施惠天下臣民，贏得感恩戴德的歌頌。因此，當詩人李白知道自己要被流放到夜郎去時，就寫下了「我愁遠謫夜郎去，何日金雞放赦回？」北宋黃庭堅被貶謫到四川去，也有「何日金雞赦九州」的期望。

無論是哪一種「金雞」，都反映了人世間一定的憧憬，希冀政治清明，免於迫害；去邪除惡，免於恐懼。

戌狗

「狗」跳「雞」飛

雞年飛了，狗年跳著來！在被列為生肖的十二種「禽」與「獸」中，狗和雞的關係最為密切，簡直就是「焦不離孟」，而體型較小的雞，幾乎都排在狗之前。究竟是原來就這麼習慣了，還是受了十二生肖排序的影響，一時也難論斷，依照一般了解，十二生肖的說法，要晚到東漢王充的《論衡》中才出現，但二十世紀七十年代湖北雲夢「睡虎地」出土的秦朝竹簡中，已經出現關於十二生肖的紀錄。即使如此，早在秦以前的春秋戰國時代，像《老子》、《莊子》、《孟子》等書中，已經有「雞、犬」連稱的說法了，《老子》所說「鄰國相望，雞、犬之聲相聞，民至老死不相往來」的話，是大家所熟悉的，則「雞、犬」連稱，應該在十二生肖說之前；但也有人認為早在《詩經》中，已有十二生肖的資料了，因此「雞、犬」連稱和「雞前犬後」的源頭，還有待進一步地探討。

犬跟在雞後面，似乎是犬的宿命，因此所有詞語幾乎沒有例外是雞前犬後，諸如「雞犬不驚」、「雞犬不留」、「雞鳴狗盜」、「鬥雞走狗」等等，連「嫁雞隨雞，嫁狗隨狗」都是一樣。《史記．孟嘗君列傳》中敘述孟嘗君從秦昭王掌握中脫困的經過，明明是先說孟嘗君門客中有能為「狗盜」者，其次才輪到能為「雞鳴」者出場，但宋朝王安石在評論孟嘗君的時候，卻是用「雞鳴狗盜之雄」譏諷孟嘗君，硬是把狗、雞的先後次序倒轉了過來。

西晉的葛洪在《神仙傳》中，說到漢武帝時淮南王劉安從八公學仙，結果劉安的「骨肉近三百餘人，同日升天，雞犬舐藥器者，亦同飛去。」兩百八十年後，李百藥在《北齊書．李廣傳》中已經減省成「淮南得道，犬吠雲中」，撇開了雞不提，讓狗獨享飛升成仙之榮；有趣的是，李百藥卻是屬雞的。宋初編纂的《太平御覽》在「狗吠雲中」之後，又加上了「雞鳴天上」四個字，不過狗總算還在雞之前，但同時編成的《太平廣記》，就已經成為「雞鳴天上，狗吠雲中」了。從此以後，狗兒再也翻不了身。

學道成仙，雞犬一同升天的事，另有一段記載：李百藥之前約一百年的酈道元，在《水經注》中，曾引述了陝西成固人唐公房在王莽時代「學道得仙，白日升天；雞鳴天上，狗吠雲中」的記載，也一樣是雞前狗後。雞、狗次序的唯一例外，則是陶淵明的詩「狗吠深巷中，雞鳴桑樹顛」，讓「狗吠」在「雞鳴」之前，田園詩人的識見果然不凡。

或許雞雖小卻能飛，所以飛升時借「能飛」的本事可鳴於「天上」；狗卻只能儘量地跑跳，總算也還可以跳上「雲中」，追著雞狂吠。其實，人們看到的現象是：雞因為被狗跳著戲弄追逐，只好盡力飛起來以閃躲。這或許是狗必得在雞後的根本所在。然而，就因果關係而言，還是要替狗兒說公道話，就說是「一人得道，狗跳雞飛」，又有何不可！

癡「狗」說夢

如果因為狗老跟著會飛的雞，覺得是種屈辱，其實狗也大有值得安慰的事，在十二生肖中，狗排在第十一位，但只要是和排名第七、經常和龍被一同相提並論、而且能日行千里的「馬」一起出現時，狗總是在前的。且看：

《莊子．則陽》：「譬猶狗馬，其不及遠矣。」

《戰國策．齊策》：「君宮中積珍寶，狗馬實外廄。」

《論語．為政》：「至於犬馬，皆能有養。」

《禮記．曲禮》：「朝言不及犬馬。」

賈誼〈論時政疏〉：「顧主上遇其大臣，如遇犬馬，彼將犬馬自為也。」

《史記・三王世家》：「臣竊不勝犬馬心。」

《淮南子・氾論》：「犬馬怖懼之情。」

《漢書・灌夫傳》：「所好音樂狗馬田宅。」

《漢書・息夫躬傳》：「其有犬馬之決者，仰藥而伏刃。」

《漢書・趙充國傳》：「犬馬之齒七十六。」

《三國志・魏志・華歆傳》：「老病日篤，犬馬之命將盡！」

曹植〈上責躬應詔詩表〉：「瞻望反側，不勝犬馬戀主之情。」

謝朓〈拜中軍記室辭隨王箋〉：「悲來橫集，不任犬馬之誠。」

犬馬並提的例子，可以說是舉不勝舉，不過雖然所要表達的意涵非常多樣，但大多是表示「微賤」的意思，這也讓狗兒遺憾不已——狗命真苦！

但最讓狗兒忿忿不平的事，尚不在此，明明排名在豬之前，而且一向也被尊重，但總與豬一同被汙名化，試看：

《荀子・榮辱》：「則是人也，曾狗彘之不若也。」

《漢書・食貨志》：「衣牛馬之衣，食犬彘之食。」

《唐書・張巡傳》：「我為君父死爾，附賊乃犬彘也。」

不料那位極有文采的「亂世之奸雄」曹操，卻在稱讚孫權而批評劉表的兩個寶貝兒子時，竟然說出了：「生兒當如孫仲謀，劉景升兒子，若豚犬耳！」真會讓狗嘔氣！曹阿瞞屬羊，可真會裝模作樣，明明自己想當皇帝，卻硬是忍了下來，讓他兒子頂了「篡漢」的歷史罪名。

至於罵那些為非作歹的官員為「狗官」（晁錯《鹽鐵論》），又說什麼「狗仗人勢」（《紅樓夢》），也真讓狗兒們覺得有「狗血噴頭」（《儒林外史・范進中舉》）的難堪！又有諷刺胡亂封官而說是「狗尾續貂」（《晉書・趙王倫傳》）的。狗兒們對這類無理而亂扣飛帽的事，除了嗤之以鼻，「狗急跳牆」（《紅樓夢》）外，又能如何呢！那些俗人難道沒聽說少林和尚惟寬禪師曾經說過「狗子有佛性」（《五燈會元》）的話嗎？

「狗」是義畜、家獸、守門使

在狗年，不妨先對狗的個案做個彙整。

漢朝的文字學家許慎在《說文解字》中說：

狗，孔子曰：「狗，叩也，叩氣吠以守。」从犬句聲。

犬，狗隻有縣（懸）蹏（蹄）者也。孔子曰：「視犬之子如畫狗也。」

這兩段話解釋了「狗」和「犬」的字音字義，而「叩氣吠以守」也很形象地把狗兒遇敵、發聲蓄勢的姿態描繪出來。許慎雖然引了孔子的話作證，但是從班固以來就懷疑那只是為了加強說服力，而宋朝王應麟則推測那些話都是託名孔子所作的《緯書》上的記載。

北宋陸佃是詩人陸游的祖父，在他所編的《埤雅》中說：「犬有三種：一者田犬，二者吠犬，三者食犬。」所謂「田犬」，是指自己不能搏擊以取食的犬；「吠犬」就是能吠吼以警戒的犬；「食犬」是可以食用的犬。

明朝的藥理學家李時珍在《本草綱目集解》中進一步就狗的功能解釋說：「狗類甚多，其用有三：田犬長喙善獵，吠犬短喙善守，食犬體肥供饌。」

雖然狗被人作「義畜」、「家獸」，甚至被明武宗封為「守門使」，是人類「最忠實的朋友」，但是不能打獵、不能守門的狗，還是會成為人類的珍饈佳餚。即使是能攻能守的狗，如果時移勢易，也恐怕難免被烹而食之，所謂「狡兔死，走狗烹」是也。吃狗肉的風氣為時甚早，《楚辭・大招》中就有「害豚苦狗」的話，意思是說：狗肉要用「膽」和「醬」一起烹理，膽有苦味，因此而稱「苦狗」。古人又以為「凡肉，豚宜炮，犬宜羹」，狗肉以做成「羹」最為適宜。古代祭宗廟時用狗肉，就稱為「羹獻」，「獻」字從犬，它的本義在《說文解字》段玉裁注云：「本祭祀犬牲之稱。」看來，古人在吃狗肉的經驗累積上，已經相當可觀了，而狗能被選在祭祀宗廟時作為牲禮，應該也是人對牠的無上榮寵吧！

「狗」來富貴

民間有「狗來富」的說法，很多人都不知原因，略作思索，有點兒蛛絲馬跡，或可解惑。且看以下資料：

唐朝白居易《白孔六帖》說：「犬為金精。」狗在五行中屬「金」，所以「狗來」就是「金來」，焉能不富。

戰國時楚人尸佼（商鞅之師）的《尸子》一書中，有這樣一段寓言：齊國有個窮人，給狗取名為「富」，給兒子取名為「樂」。有一天正要祭祀，狗兒跑了進來，這人大聲喝叱說「富，出去！」祝禱時還直說「不祥」。之後家裡果然發生災禍，兒子死了，這人哭著喊「樂呀！」顯現不出絲毫的悲傷。

給狗兒取名「富」，是窮人的異想天開，卻又為了祭祀，把「富」趕出去，何止弄巧成拙而已。雖然是寓言，卻也發人深省。

清初陳元龍在《格致鏡原》中引了《五行書》的資料，有以下這些記載：

> 白犬虎文，南斗君畜，可致萬石也。黑犬白耳，人犬王犬也，畜之令人富貴。白犬黃頭，家大吉。黃犬白尾，代有官。黑犬前兩足白者，宜子孫。黃犬白前兩足者，利人。犬生四子，取黃子養之。犬生五子，取青子養之。六子，取赤子養之。七子，取黑子養之。八子，取白子養之。白犬烏頭，令人得財。白犬黑尾，令人世世乘車。

這一段記載雖然沒有說明理由，想必是有它的道理，只要如此選擇，也一定能帶來好運。這麼看來，養對了狗，不僅能富貴，也可利及子孫，其中雖然有許多講究，但如今以狗為寵物的大有人在，只要有心，相信還是可以讓自己既富且貴的。

「犬子」是誰？

所謂「犬子」，本來是指「未成毫」的狗，代表還沒有長出比較長的細毛。初生時的體毛脫落後的小狗，才能稱作「犬」，換句話說，「犬子」是介於「小狗」和「成犬」之間的狗。東漢揚雄在《方言》中說：

關西人稱犬子為「猶」。犬子長隨人，人行必先去，人未到則必反以待人，故謂人行止不決為「猶豫」。「豫」亦獸名，其形如象，其性亦不決，因此也稱不決斷為「猶豫」。

「關西」是指函谷關以西的地方，主要指陝西、甘肅。養過狗兒的人，對於狗兒「長隨人，人行必先去，人未到則必返以待人」的特性必然十分清楚。關西人就用「猶」稱呼犬子。

《史記．司馬相如列傳》記司馬相如的出身說：

司馬相如者，蜀郡成都人也，字長卿。少時好讀書，學擊劍。故其親名之曰「犬子」。相如既學，慕藺相如之為人，更名相如。

唐朝裴駰《史記索隱》引孟康的解釋是「愛而字之也」，也是唐朝人顏師古注《漢書》則說：「父母愛之，不欲稱斥，故為此名。」日本人中井積德考證說：「取其捷便也，因擊劍之便利而名耳。劍、犬音相近。」但是宋朝王楙的《野客叢書》裡卻說：

> 前漢司馬相如，少時好讀書，學擊劍，名犬子。既長，慕藺相如之為人，更名相如，所謂犬子者即小名耳。然當時小名小字之說未聞，自東漢方著。相如小名，父母欲其易於生養，故以狗名之。逮其既長，向學，慕藺相如之為人，故更名相如。今人名字猶有此意，其理甚明，非謂其少時學擊劍而名犬子也。觀者不可以上文惑之，師古注謂「父母愛之，不欲稱斥，故為此名」。此說未盡。

明朝田藝蘅《留青日札》則說：

> 呼己子曰「犬子」，又曰「豚兒」，謂賤之也。漢司馬相如少時好讀書擊劍，名「犬子」。師古曰「父母愛之，不欲稱斥，故為此名也。」王修名「狗子」，顏之推曰：「北土名兒為駒為豚。然古者名字不以畜生，以其廢祀也！」而周公名子曰「禽」，孔子以「鯉」，魏公楚太子皆名「蟣蝨」，至於展禽、解狐、司馬牛之類，比比皆然，則又烏在其為不以畜牲而重名也？又呼凡弟之子為「猶子」，言猶己之子，是「猶

子」即「犬」也。古稱隴西人呼「犬子」為「猶子」，是「猶子」即「犬子」也。況「猶」亦獸名，故從犬，又總名之曰「豚犬」，若「劉景升真豚犬耳」！

曹操曾經說過「生子當如孫仲謀（指孫權），劉景升（劉表）兒子若豚犬耳」的話。因為司馬相如小時名「犬子」，竟生出這許多議論來，真是讓人不知所以！

明朝曹學佺《蜀中廣記》說：

蜀人親愛之辭曰「么」，以小兒女為「么」。又愛其子曰「犬子」，司馬相如字「犬子」。又以婿為「門客」。

看來嚴師古的注解倒是對的，因為司馬相如正是「蜀人」，正是成都人。曹學佺曾經在四川做官，所記當比閉門讀書的江蘇人王楙更可信。

如今稱自己的小孩為「小犬」，已經是普遍的謙虛之辭了，如果要問第一位有名的「犬子」是誰時，當然就是西漢的大賦家司馬相如呀！

亥豬

豕突，莽撞亂闖的豬

豬作為十二生肖的最末一員，看似很委屈，但卻也有總結過去、迎接未來的內涵，所以《爾雅・釋天》說：「太歲在亥，曰大淵獻。」「大淵獻」就是「大小深藏窟伏以迎陽」的意思。

除了「亥」的稱呼以外，因地域的不同，豬有不少別名。《方言》說：

> 豬，北燕朝鮮之間謂之豭，關東西或謂之彘，或謂之豕。南楚謂之豨。其子或謂之豕，或謂之豯。吳揚之間謂之豬子。

如根據更早的《說文》，則「亥」原作「豕」，又因為「亥」、「豕」的字形相近，很容易被錯認，因此「己亥渡河」會被誤讀成「三豕渡河」。而「魯魚亥豕」也成為有名又有趣的成語。

「豕」如果是「亥」的原形，或許由於喜歡「古早」的根性，古人用「豕」的頻率比「亥」多得多，因而有關豬事，都由「豕」出頭。「豕」最早出現在《易經》「見豕負塗」：看到馬路上有豬，表示「汙穢到了極點」。這當然不是正面的意思。其後或說「豕」：「能俯其首，又喜卑穢。」或說：「大耳而不聰，察聽氣毀」、「多反視，俯目下斜偷視」。「豕喙」比喻貪婪之相，「豕心」表示「貪而無恥」；豬似乎集「髒」、「笨」、「貪」、「賤」於一身。曹操一句「生子當如孫仲謀，劉景升兒子，若豚犬耳！」更讓已被證明智商很高的「豕」，負謗近兩千年。

據古人觀察，豬如果受到驚嚇，就會拚命狂奔、四處衝突，很難加以控制，這就叫做「豕突」。當年王莽為了對付異己，異想天開的「大募天下囚徒人奴」，組成了「豕突豨勇」，企圖放手一搏，但這種只是低著頭橫衝莽撞，而不能高瞻遠矚的作為，怎麼能成事呢？

迎接豬年，在了解「太歲在亥，曰大淵獻」的意涵後，先要能夠沉潛內斂，蓄積蘊藏，更要看得高些，看得遠些，千萬以「豕突」為戒，才能期待一個嶄新的希望！

「亥豬」年的事與人

從周宣王共和元年（前八四一）算起，與「亥豬」年有關的天干有「乙」、「丁」、「己」、「辛」、「癸」，這些年分發生了哪些大事呢？和哪些人有關聯？又有哪些人的誕生、死亡，造成歷史的改變呢？請看：

乙亥

西元九七五年　宋太祖趙匡胤開寶八年十一月，宋軍克金陵，南唐李後主煜降，南唐亡；太平興國三年（九七八年）秋，李後主卒（九三七丁酉生），四十二歲。

西元一一五五年　宋高宗趙構紹興二十五年十月，秦檜卒，六十六歲（一〇九〇庚午－一一五五）。

西元一二一五年　元世祖忽必烈生（一二九四卒）。

西元一八七五年　清德宗載湉光緒元年。正月即位。

丁亥

西元前二二一四年 秦始皇嬴政三十三年，南取南越地，置南海、桂林、象三郡，徙民五十萬戍之。蒙恬逐匈奴，收河南地，築長城，西起臨洮，東至遼東。

西元前一五四年 漢景帝劉啟三年正月，七國反，殺鼂錯以謝；二月，周亞夫大破七王。七王各伏誅、自殺。

西元前九四年 漢昭帝劉弗陵生（前七四卒）。

西元二〇七年 漢獻帝劉協建安十二年冬十月，劉備訪諸葛亮於隆中。

西元六二七年 唐太宗李世民貞觀元年。高祖李淵於前一年八月遜位，自稱太上皇，太子李世民接位，本年正月改元。

西元九二七年 宋太祖趙匡胤生（九七六卒）。

西元一一〇七年 南宋高宗趙構生（一一八七卒）。

西元一二二七年 宋理宗趙昀寶慶三年，六月蒙古滅夏（西夏一〇三八年建國）。十二月蒙古成吉思汗卒於六盤山，六十六歲（一一六二壬午生）。

己亥

西元前二〇二年　漢王五年，十二月項羽兵敗自殺（前二三二生）。劉邦即帝位，遷韓信為楚王；張良謝病。

西元二一九年　漢獻帝建安二十四年，七月劉備自立為漢中王。十月關羽（一六〇生）為呂蒙部將斬殺。十二月呂蒙死（一七八戊午生）。

西元五一九年　南朝梁武帝蕭衍天監十八年，顧野王生（五八一卒），著《玉篇》、《輿地志》。江總生（五九四卒），南朝梁、陳時名詩人。

西元七五九年　唐肅宗李亨乾元二年，十月李光弼大敗史思明。前兩年（七五七），安祿山被子安慶緒所殺，七五九年三月史思明殺安慶緒；至此，安史之亂大致弭定。兩年後（七六一），史思明為其子史朝義所殺；再隔年（七六三），李懷仙殺史朝義後降唐，安史之亂平。權德輿生（八一八卒），憲宗時名詩人，仕至宰相。王播生（八三七卒），仕至宰相，「飯後鐘」故事膾炙人口。

西元九三九年　宋太宗趙光義生（九九七卒）。

西元九九九年　宋真宗趙恆咸平二年，有兩位人物生於此年：呂公綽（一〇五五卒）、包拯（一〇六二卒）。

西元一〇五九年　宋仁宗趙禎嘉祐四年，有五位人物生於此年：晁說之（一一二九卒）、宗澤（一一二八卒）、葛勝仲（一一三一卒）、蘇邁（一一一九卒）、李廌（一一〇九卒）。

西元一一一九年　宋徽宗趙佶宣和元年，有兩位人物生於此年：汪應辰（一一七六卒）、方崧卿（一一七八卒）。

西元一四七九年　明憲宗朱見深成化十五年，徐禎卿生（一五一一卒）。

西元一六五九年　明桂王朱由榔永曆十三年，洪昇生（一七〇四卒）。

西元一七一九年　清聖祖玄燁康熙五十八年，莊存與生（一八〇三卒）。

西元一八三九年　清宣宗旻寧道光十九年，四月林則徐查燬鴉片於廣東海口。

西元一八九九年　清德宗載湉光緒二十五年，五月山東義和團起；明年（一九〇〇）六月，八國聯軍陷天津，十一月與各國訂合約十二條，庚子賠款。

辛亥

西元一一三一年　宋高宗趙構紹興元年，八月秦檜相，力主和議；紹興十一年十一月和議成，十二月殺岳飛（一一〇三癸未－一一四一）。

西元一八五一年　清文宗奕詝咸豐元年，閏八月洪秀全建號太平天國，自稱天王。洪秀全於去年六月起兵於廣西桂平；一八六四年，六月曾國荃克金陵，洪秀全自殺；八月清軍擒其幼子，太平天國亡。

西元一九一一年　清末帝溥儀宣統三年，八月武昌起義。明年元旦，孫文就大總統職，二月十二日宣統退位。

癸亥

西元一〇二三年　宋仁宗趙禎天聖元年，寇準卒於雷州貶所，六十三歲（九六一辛酉－一〇二三）。

西元一五六三年　明世宗朱厚熜嘉靖四十二年，戚繼光擊退倭寇於福建。

西元一六二三年　明熹宗朱由校天啟三年，正月荷蘭佔據澎湖。

西元一六八三年　清聖祖玄燁康熙二十二年，八月施琅入台灣，鄭克塽降。

以上是兩千五百二十四年間，各個不同天干「亥豬」年比較重要的人與事之概要，共三十二則，其中己亥年有十三則，幾乎佔了一半，很值得留意。再者，這裡並沒有把二十五位在亥豬年誕生的帝王全部列入。

「己亥年」傳奇：關公和包公

在歷史上，亥豬年雖然誕生了二十五位的大小帝王，但值得一提的不過三、四位，而己亥年生的宋太宗趙光義，不僅結束唐末五代以來的紛亂，重新統一中國，更完成了《文苑英華》、《太平御覽》、《太平廣記》、《冊府元龜》四部總集類書，在文化史上具有特殊的意義和貢獻。然而，如談到與己亥年相關的人物，這位君臨天下二十一年、文治武功都不弱的皇帝，就遠遠比不上另二位家喻戶曉、老少咸知的人物：第一位是三國蜀漢的關羽，在二一九己亥年十月，兵敗殉國；第二位是在九九九己亥年誕生，比宋太宗小六十歲的包公包拯。一死一生，相隔七百八十年，都成為民間的傳奇人物。

紅臉「關公」之死

關羽字雲長，一字長生，山西解縣人。亡命途中邂逅劉備、張飛，情如兄弟，隨從劉備屢建奇功，曹操曾表奏為「漢壽亭侯」。建安二十四年，劉備自稱漢中王，以關羽為前將軍假節鉞；在襄、樊爭戰中，遭曹操、孫權合擊，進退失據，退保麥城，又誤中埋伏，殘兵孤絕，竟被東吳將領潘璋（一七一辛亥－二三四）生擒，與子關平（一七八戊午－二一九）都被殺害。據史書載：「羽初出軍圍樊，夢豬嚙其足，語子平曰：『吾今年衰矣！然不能還。』」史贊並說：「羽儀狀雄偉，嶽嶽尚義，儼若神人；好《春秋左氏傳》，諷誦略皆上口。然剛而自矜，終以取禍云。」（元．郝經《續後漢書》卷一六）

考「豬嚙足」之事，僅見關羽此說。當年正為豬年，而所遇吳將潘璋又肖豬，「躡足」則遭埋伏乎！關羽既亡，劉備起兵報仇，潘璋被關公次子關興（一九三癸酉－二三四）所殺。劉備追謚關公「壯繆」，「繆」、「穆」二字古通用，謂「武功不成」，如岳飛謚號「武穆」，意同。

四十年後，蜀漢後主劉禪景耀元年（二五八戊寅）秋九月，追謚為「忠義侯」。

宋徽宗趙佶（一〇八二壬戌－一一三五）崇寧元年（一一〇二），晉封「忠惠公」；大觀二年（一一〇八戊子）又加封「武安王」。

南宋高宗趙構建炎二年（一一二八）加封「壯繆義勇武安王」。

南宋孝宗（一一二七丁未－一一九四）淳熙十四年（一一八七）加封「英濟王」。

明太祖朱元璋洪武元年（一三六八）恢復稱「漢壽亭侯」。

明世宗朱厚熜（一五〇七丁卯－一五六七）嘉靖十年（一五三一）稱「漢將軍壽亭侯」。

明神宗朱翊鈞（一五六三癸亥－一六二〇）萬曆十八年（一五九〇）加封「協天護國

忠義帝」；四十二年（一六一四）更加封「三界伏魔大帝神威遠震天尊關聖帝君」。

自北宋後期起，關公由「侯」而「王」而「帝」，民間信奉，帝王依順民意，一再尊崇；天下奉祀，閩、臺地區又有「恩主公」之號，源遠流長，香火鼎盛，都因為他的「忠義」表現。

黑臉「包公」之生

包公名拯，字希仁，一字兼濟，安徽合肥人。生於宋真宗咸平二年己亥二月二十五日（九九九年三月二十六日），卒於宋仁宗嘉祐七年五月二十五日（一〇六二年七月五日），六十四歲。

傳說包拯出生的時候，不哭不叫，全身漆黑，還讓他母親以為生了妖怪，將他丟進水塘裡，幸虧被大嫂救了起來。他名為「拯」，「拯」原是「舉溺者出水」的意思，正和他的遭遇相合，而字「希仁」、「兼濟」，仁者能兼濟天下，也是「拯」的發揚。

二十九歲時進士及第，同榜的韓琦（一〇〇八戊申－一〇七五，位居第二名榜眼），文彥博（一〇〇六丙午－一〇九七，和包拯都在甲等、前三十名之內），後來都當到宰相。

包拯及第後，隨即也派了官職，但他的兩位兄長都早逝，包拯為了照顧年邁的父母，辭職請假留在家中奉養。十年後，父母先後去世，他守滿了喪，接受父老的勸勉，才向朝廷銷假，這時他已近四十二歲了。包拯出仕後，從最低階的從八品職務「揚州天長縣縣令」做起；當時韓琦已任左司諫，文彥博也已是殿中侍御史（都是正七品）。包拯後來先後在地方和朝廷擔任重要職務，最後的官職是「樞密直學士、樞密副使」（正二品）。

五十八歲那年的十一月，他接任開封府知府（從三品），在任一年半，就是通俗小說《包公案》及戲劇中極力渲染的包公。包拯在五十四歲時，就已經有「龍圖閣（朝廷收藏宋太宗平生文書的紀念館）直學士」的官銜，所以小說戲劇中都習稱為「包龍圖」。當時人們已不稱呼包拯的官銜，而直稱為「包公」了；他擔任開封知府時，京師就有諺語說：「關節不到，有閻羅包老。」可以看出他的正直嚴肅。他死後，因為孝行和正直的美德，朝廷追贈「禮部尚書」，諡號「孝肅」。

包拯的家道不錯，父親也是做官的。包拯在小時候就展現了機靈聰慧，據說有一回他的母親張太夫人發現鄰居送來的一盤紅喜蛋中少了一個，就問侍女春蘭、秋菊是誰吃的，兩人都否認，並且覺得被冤枉而顯得委屈。這時候小包拯卻想出了個主意，他拿了兩杯清水，要兩人漱口後再吐出來。春蘭很快照做了，水中沒有蛋屑；秋菊吐出的水中卻有蛋黃屑。這下就一清二楚了。包拯幼年「審雞蛋」的故事，和文彥博「灌水洞裡出皮球」及司馬光（一〇一九己未－一〇八六）「打破水缸救同伴」的故事一樣，都表現了他們三人年幼時就已顯露不平凡的聰慧，後來也都能成大功、立大業，和一般所說「小時了了」的神童不一樣。

然而《宋史．包拯傳》中所記有關「包公審案」的事，卻只有一件：當時包拯初到天長縣當縣令，有個農民痛哭著來告狀說，自己養的牛被人割斷了舌頭，已經奄奄一息，如果牛死了，他就無法耕作。包拯要他回去把牛宰殺了，然後挑去市場賣，並立刻出一張告示，嚴禁私宰耕牛，舉發者有賞。很快就有人來檢舉牛主私宰，包拯立刻斥責檢舉人，不但割人牛舌還敢告狀，檢舉人簡直嚇破了膽，只好「從實招來」。

在歷代著作中，包拯判案除了上述的案子外，再也沒有其他記載。但明朝人所撰寫的小說《龍圖公案》，卻有六十個案子；江蘇蘇州的姑蘇本《龍圖公案》，更增加到一百則之多；清朝石玉崑寫《忠烈俠義傳》，經過名學者俞樾改原名《三俠五義》為《七俠五義》，於是「包青天」審的案子就越來越多了，天下的疑難刑案，只要落在包青天手中，就沒有破不了的。

包青天越來越紅了，只要是有包公的戲劇，沒有不是越演越盛的，包青天已經是人間正義的代稱，而包公在廣大人群中所享的聲望也越來越高。然而，從《龍圖公案》到《七俠五義》，除了包公是真實的歷史人物外，其他大多是小說家虛構的成分，再經戲劇家改編搬演，透過無遠弗屆的傳媒播出，其深入人心和影響之大，也就可想而知了。再者，即使是使用「青天」這個詞來稱呼公正廉明的清官，也要到明朝才出現，那已是包公死後幾百年的事了。

《宋史．包拯傳》有如此描述：

> 拯性峭直，惡吏苛刻，務敦厚，雖甚嫉惡，而未嘗不推以忠恕也。與人不苟合，不偽辭色悅人，平居無私書，故人、親黨皆絕之。雖貴，衣服、器用、飲食如布衣時。嘗曰：「後世子孫仕宦，有犯贓者，不得放歸本家，死不得葬大塋中。不從吾志，非吾子若孫也。」

這樣一位忠直清廉又能嚴以律己、寬以待人的包公，絕非動輒以「虎頭鍘」、「狗頭鍘」嚴刑逼供的酷吏。所以，凡是包公任職過的地方，都有紀念包公的「包公祠」，影響所及，也就可以想見了。臺北大龍峒、林口，三重、埔里、雲林四湖等地都有「包公廟」，而高雄大寮的「開封宮」更號稱是全臺最大最靈的包公廟。

己亥年為國犧牲的紅臉關公，以及己亥年誕生成為清官表率的黑臉包公，生前受人推重，死後成為百姓祭祀祈福的神祇，絕非偶然。

貳

十二生肖命理衝合說

《開元占經》的編者與內容

瞿曇悉達是何人？

「瞿曇悉達」原是釋迦牟尼的名字，《遼史》就說：「悉達太子者，西域淨梵王子，姓瞿曇氏，名釋迦牟尼。以其覺性，稱之曰佛。」（卷五十三）因此，「瞿曇」就成了「佛教」的代稱，而「悉達」也成為西域或佛教信徒普遍使用的名字。

瞿曇氏何時到中國又何時進入朝廷做官，有待進一步考察，然就唐朝歷史而觀，高宗麟德二年（五六五）有「瞿曇羅」擔任太史令，奉命造「麟德曆」；又在武則天聖曆元年（六九八）奉命造「光宅曆」。高宗上元元年（六七四）有「瞿曇譔（謙）」擔任司天秋官正，到肅宗寶應元年（七六二）已經是司天少監。玄宗開元六年（七一八）命太史監「瞿曇悉達」譯「九執曆」，又命其撰成《開元占經》一百二十卷。就有關唐朝史籍所載，凡瞿曇氏所任官職，均與天象、曆法有關，而正史並沒有為這幾位瞿曇氏立傳，所以生平事蹟可知者極為有限。

《開元占經》是什麼書？

唐玄宗開元六年（七一八），命令瞿曇悉達重新整理相關資料，編成《開元占經》一百二十卷。《開元占經》屬於「緯書」，書成之後，見者不多，即使宋、元、明三代學者，未必能見，至明朝後期，始由挹玄道人無意中於「古佛腹中」得到。書前有挹玄道人的兄長「明哲」的序文，又有傳抄者張一熙的序文（請見二十三－二十四頁）。

《文淵閣四庫全書》把這部書歸屬「術數類．占候之屬」，〈提要〉對這部書的介紹，可以歸納成以下幾點：

一、《開元占經》一百二十卷，是唐朝瞿曇悉達所撰。瞿曇悉達應該在唐玄宗開元元年（七一三）出任太史監，開元六年奉命修書，應在開元十七年前完成。

二、《唐書．藝文志》著錄的也是一百二十卷，南宋王應麟編的《玉海》引《唐書．藝文志》也是一百二十卷。但宋朝《國史》著錄的是四卷、《崇文總目》（一〇四一年，宋仁宗慶曆元年修成）則是三卷。卷數所以不同，應該是後人重新分卷的。

三、自第一卷「天占」到第一百十卷「星圖」是占天象；自一百十一卷「八穀占」到一百二十卷「龍魚蟲蛇占」都是占物異。或者一百十卷前是瞿曇悉達的原書，後面十卷是後人增加的「雜占」。

四、本書徵引古籍極為浩博，如《隋志》所稱《緯書》八十一篇，此書尚存其七、八，尤為罕見。

五、其術（指占候之術）可廢，其書固有可採也。

有關本書的分卷，〈提要〉只是大概而言。詳細內容，根據本書目錄，詳列如下：

卷一「天體渾宗」／卷二「論天」／卷三「天占」／卷四「地占」／卷五至卷十「日占」／卷十一至卷十七「月占」／卷十八至卷二十二「五星占」／卷二十三至卷二十九「歲星占」／卷三十至卷三十七「熒惑占」／卷三十八至卷四十四「填星占」／卷四十五至卷五十二「太白占」／卷五十三至卷五十九「辰星占」／卷六十「東方七宿：角亢氐房心尾箕」／卷六十一「北方七宿：南斗牽牛須女虛危營室東壁」／卷六十二「西方七宿：奎婁胃昴畢觜觿參」／卷六十三「南方七宿：東井輿鬼柳七星張翼軫」／卷六十四「分野略例」、「月所主國」、「日辰占邦」、「災變期應」、「順逆略例」／卷六十五至六十七「石氏中官」／卷六十八「石氏外官」／卷六十九「甘氏中官」／卷七十「甘氏外官」、「巫咸中外官」／卷七十一至七十五「流星占」／卷七十六「雜星占」／卷七十七至八十四「客星占」／卷八十五至八十七「妖星占」／卷八十八至卷九十「彗星占」／卷九十一「風占」／卷九十二「雨占」／卷九十三「候星善惡雲氣占」／卷九十四「雲氣雜占」／卷九十五「雲氣干犯二十八宿占」／卷九十六「雲氣犯列宿占」、「石氏中外官占」／卷九十七「猛將軍陣勝負雲氣占」／卷九十八「虹蜺占」／卷九十九「山石冢光占」／卷一百「井泉自出河移水火占」／卷一百一「霜雪雹冰寒霧露霾曀霰霽濛占」／卷一百二「雷霆占」／卷一百三「曆法」、「麟德曆經」／卷一百四「算法」、「天竺九執曆經」／卷一百五「古今曆積年及章率」／卷一百六至一百十「星圖」／卷一百十一「八穀占」／卷一百十二「竹木草菜占」／卷一百十三「人及鬼神占」／卷一百十四「器服休咎城邑宮殿怪異占」／卷一百十五「禽占」／卷一百十六「獸占」／卷一百十七「牛占」／卷一百十八「馬占」／卷一百十九「羊犬豕占」／卷一百二十「龍魚蟲蛇占」。

可見除卷一、卷二及自卷一百三至一百十，至少名目上不帶「占」字，其餘均為各類「占候」法，幾乎包羅萬象。《開元占經》在一千兩百年前才彙集前此資料成書，而在成書之前，已經有這麼多的「占」法，可見緯書的受重視和古人對這一套術數的深信。東漢光武帝所以要禁止緯書，一定有他的特殊考量，這是另外一個問題了。

《開元占經》和生肖的「衝」與「合」

在民間習俗中，相信生肖之間是有「衝」有「合」的，譬如說婚姻要看男女雙方的生辰八字合不合、有沒有相衝。這當然和八字中的十天干及十二地支有關，生肖相衝說法中如「豬與蛇衝」、「牛與羊衝」等等，都可以在《開元占經》中找到依據。

《開元占經》第九十一卷「風占」中談「干德」和「支德」，其中就有「衝破」一節，列有「十二支衝」：「子衝午，午衝子。丑衝未，未衝丑。寅衝申，申衝寅。卯衝酉，酉衝卯。辰衝戌，戌衝辰。巳衝亥，亥衝巳。」把它改成生肖的十二物種，就是「鼠衝馬，牛衝羊，虎衝猴，兔衝雞，龍衝狗，蛇衝豬」，不但是「對衝」，而且是「互衝」。除了這「六衝」外，還有「六合」，「寅亥，子丑，卯戌，辰酉，巳申，午未」，也就是「虎合豬，鼠合牛，兔合狗，龍合雞，蛇合猴，馬合羊」。也有「三合」，分為「申子辰、亥卯未、寅午戌、巳酉丑」，就是「猴鼠龍、豬兔羊、虎馬狗、蛇雞牛」。為什麼是這樣呢？書上沒有說明，大概是「天機」不可洩漏吧！這個說法，被引入如《六壬大全》、《三命通會》、《星曆考原》等命相書籍，又加入了各個地域不同的習俗和禁忌，就成了命相先生的法寶，憑著他們的「專業」鼓吹，讓許多人都深信不疑。

十二支衝、六合和三合，經過長時間的推衍發展，在民間一直廣為流傳，尤其普遍運用在婚姻和人際關係上，因此也形成了不少謠諺，如：「白馬犯青牛，羊鼠一旦休。蛇虎如刀錯，龍兔淚交流。」「自古白馬怕青牛，虎兔相逢一代休。金雞不與犬相見，豬與猿猴不到頭。」「紅蛇白猴滿堂紅。」「青兔黃狗古來有。」「蛇盤兔，必定富。」「羊入虎口難回頭。」信不信，就看各人了，不過既然有此一說，不妨回顧一下歷史，就以具有代表性的知名人物間的生肖關係，做個抽樣求證吧！

歷史人物的「衝」或「合」

虞兮虞兮奈若何

古代原是以女性為尊的「母系社會」，由「天上雷公，地上舅公」的話一直傳到現在，可以證明。但一旦轉變為「父系社會」，女性就如退隱一般，名字和出生時辰，是不可以隨意透露的，譬如經過儒家禮制化的婚姻程序中的「六禮」有「問名」一節，就是指男方詢問女方的姓名、生辰八字等「個資」。所以，即使是權傾天下的女性，她的年齡都未必能讓他人知曉，更別說是「生肖」了。

透過司馬遷的《史記》，我們很清楚地知道，漢高祖劉邦是乙巳（前二五六）年生，生肖是「蛇」，活了六十二歲。劉邦的「兄弟兼死敵」項羽，則是己巳（前二三二）年生，也屬蛇，但比劉邦整整小了二十四歲。項羽雖然一度主宰天下，卻在三十一歲時兵敗而橫劍自刎，自刎前，面對心愛的虞美人唱出了「虞兮虞兮奈若何」的悲愴。然而，這位虞美人，別說年齡生肖不得而知，連最後是如何表示「賤妾何聊生」的無奈，司馬遷都沒作交代，留給後人一片想像的空白。

幫助劉邦打天下的呂后，雖然司馬遷為她立了〈呂后本紀〉，讓後人知道在惠帝早逝後，呂后儼然是女皇帝了，劉家天下差點就被呂家取代，更給後來的武則天留下一個「古已有之」的先例，但就是沒有她的名字和年歲。到了唐朝的張守節，才說呂后「名雉，字娥姁」，人們也就姑且信了，但年齡還是不得而知，生肖就更甭提了。

漢武帝劉徹四歲時，就喜歡上姑母的女兒「阿嬌」，還說了「若得阿嬌為婦，當作黃金屋貯之」的話，使得「金屋藏嬌」一語流傳萬世。劉徹後來當然實踐諾言娶了阿嬌，也封為皇后。阿嬌當了十幾年皇后，卻因為沒生皇子，又捲入巫蠱案，被漢武帝給廢了，讓她住在長門宮，也就是「打入冷宮」。陳皇后請託文學家司馬相如寫了一篇〈長門賦〉，替自己訴說委屈，使阿嬌的失寵成為後世失意文人最好的自況；南宋詞家辛稼軒「長門事，準擬佳期又誤。蛾眉曾有人妒。千金縱買相如賦，脈脈此情誰訴」的話，就是典型的例子。然而，雖然我們知道漢武帝生於「乙酉」（前一五六）年，生肖屬雞，活了七十歲，但他四歲時就喜歡的陳阿嬌，究竟是他的表姊或表妹？幾歲嫁給他？活了多久？卻一點線索都沒有。是誰「衝」誰，也就難說了。

娶妻當得陰麗華

「仕宦當作執金吾，娶妻當得陰麗華」是東漢光武帝劉秀年輕時的願望。而當他二十九歲時，已經是「偏將軍行大司馬事」了，身分遠遠高出只是皇帝護衛的「執金吾」，又如願地娶了陰麗華，真是心想事成了。《後漢書．陰皇后紀》很明確地交代陰麗華嫁劉秀時「年十九」，所以陰麗華是生於乙丑（五）年，生肖屬牛；而劉秀生於乙卯（前六）年，生肖屬兔，比陰麗華大了十歲。兔和牛不相衝，而兩人生年的天干都是「乙」，或許有加分的作用性。劉秀在三十一歲時當了皇帝，因為陰麗華「雅性寬仁」，就決定要立她為皇后，但陰麗華卻因為劉秀後納的郭貴人已經生了皇子，堅決退讓。十七年後，郭氏因得罪被廢，劉秀還是立陰麗華為皇后。又十六年，劉秀死了，陰皇后的兒子劉莊繼位，就是東漢明帝。陰麗華成了太后，更用心為兒子選擇了馬援的小女兒當皇后；這位馬皇后，自己沒有兒子，卻盡心教養嬪妃生的皇子，成為後來的章帝。東漢的「明章之治」號稱盛世，就是由這兩位了不起的女性促成，而馬皇后更留下了「含飴弄孫」的名言。馬皇后死時是「四十餘」，也並沒有確切的時間。

此恨綿綿無絕期

《舊唐書．則天皇后本紀》記武則天死於神龍元年（七〇五）十一月，八十三歲；所以她的生年是甲申（六二四）年。武氏十四歲時，唐太宗「聞其美容色」，召入宮，立為「才人」，當時唐太宗四十歲。唐太宗生於戊午（五九八）年，生肖屬馬。馬與猴沒有衝或合的問題。十二年後，唐太宗去世，武氏入感業寺為尼，唐高宗李治到寺參拜時看到了她，又召她進宮，封為「昭儀」。李治生於戊子（六二八）年，生肖屬鼠，比武氏小四歲。鼠和猴的搭配，如再加上龍，則為「三合」。李治很快地將武氏從昭儀晉升為「宸妃」，不到六年就正式立為皇后，那時武氏三十三歲。李治原本就多病，因而把朝政交給武后，武后「素多智計，兼涉文史」，從此主導國政，威勢等於皇帝，當時稱為「二聖」。李治去世時，武后已經五十九歲，把中宗李哲（生肖屬龍）廢了，改立李旦（生肖屬狗）為睿宗，七年後又廢掉睿宗，自己稱帝，改國號為大周，大殺宗室，實際掌權近二十二年；稱帝十五年間使用了十四個年號，又給自己取名為「曌」。武則天死後七年，才由睿宗李旦的第三個兒子李隆基把局面穩定下來，使唐朝進入另一個盛世。看來，武則天的猴，把馬、鼠、龍、狗都「剋」下去了，卻被屬雞的李隆基毀了她近七十年的心血。

唐玄宗李隆基生於乙酉（六八五）年八月初五日，生肖屬雞。出生時，父親李旦被廢，二十八歲當了皇帝，長達二十九年的開元之治，再創唐朝盛世。開元二十五年玄宗五十三歲，當時他所寵幸的武惠妃死了，「後宮數千，無可意者」，有人推薦「姿質豐艷，善歌舞，通音律，智算過人」的楊玉環，玄宗召見，大悅，「每倩盼承迎，動移上意」。於是封為貴妃，讓全家得寵，「遂令天下父母心，不重生男重生女。」楊貴妃後來被縊死於馬嵬驛佛室時才三十八歲，所以生年是己未（七一九）年，生肖是羊，她被召進宮時才十九歲，比唐明皇整整小了三十五歲，得寵二十年，最後還是被唐明皇「賜死」。雞和羊本是不相衝的，結果卻是如此，豈不可嘆。

江山如畫，一時多少豪傑

三國時代人才鼎盛，但最後的結果竟是司馬氏取代了曹氏，一統天下。巧的是，曹操和司馬懿的生肖都屬羊——曹操是乙未（一五五）年，司馬懿則是己未（一七九）年，比曹操小了二十四歲，卻比曹操多活了七年，終年七十三歲。

曹操中年時對自己的期許，只希望死後墓碑能刻上「漢故征西將軍曹侯之墓」十個字。三十五歲時散盡家財起義討伐董卓；四十二歲時正當漢獻帝建安元年（一九六），入朝廷自任為司隸校尉錄尚書事，開始挾天子以令諸侯，睥睨一世。

曹操曾對劉備說：「今天下英雄，惟使君與操耳！」劉備生於辛丑（一六一）年，生肖屬牛，六十三歲。劉備三顧茅廬請出來的軍師諸葛亮，生於辛酉（一八一）年，生肖屬雞，比劉備小了二十歲，而五十四歲就「鞠躬盡瘁」而逝，使杜甫為他大嘆「出師未捷身先死，長使英雄淚滿襟」。

劉備兩位義弟關羽和張飛。關羽在己亥（二一九）年冬打敗戰，被孫權大將「吳下阿蒙」呂蒙的部將所殺，而呂蒙不久就病死，才四十二歲，他生於戊午（一七八）年，生肖屬馬。關羽實際生年不詳，《三國演義》第七十七回說他死時是「建安二十四年（二一九）冬十月，五十八歲」，生於一六二年（桓帝延熹五年），生肖屬虎。但後人所撰《關聖年譜》，一般都以為生於庚子（一六〇），生肖屬鼠，死時六十歲。而鼠和馬屬於六衝，對衝又相衝。關羽和呂蒙先後而亡，果真是宿命，如是「虎」，就沒這問題了。張飛則在劉備稱帝並起兵為關羽報仇時，被部下所殺，那是辛丑（二二一）年七月，《三國演義》第八十一回說他死時五十五歲，應生於桓帝永康元年（一六七）丁未，生肖屬羊。

劉備拚命打天下，卻只當了三年蜀漢皇帝，兒子劉禪則當了四十一年皇帝，投降曹魏後又「樂不思蜀」地接受「安樂公」的封號，並且還比劉備多活了兩歲；劉禪屬豬（二〇七），又是另一個「天命」吧！

被曹操稱讚為「生子當如孫仲謀」的孫權，死時七十一歲，所以是壬戌（一八二）年生，生肖屬狗，比諸葛亮小一歲。孫權的大將周瑜，二十四歲時就被孫策用為建威中郎將，吳中都稱他「周郎」，當年是建安三年（一九八），所以周瑜出生於乙卯（一七五）年，生肖屬兔，比諸葛亮大七歲，卻正和他的生肖雞相衝，難怪周郎要憤恨地說「既生瑜，何生亮」了！周瑜精通音樂，有「曲有誤，周郎顧」的美稱，又娶了江東大美女「小喬」，多麼令人艷羨，而如此雄姿英發倜儻儒雅的周郎，三十六歲就死了，能不令人慨嘆。

和周瑜同為孫權左右手而智謀不比周瑜差的魯肅，生於壬子（一七二）年，生肖屬鼠，比周瑜大三歲，死時也才四十六歲！

繼承曹操的曹丕屬兔（一八七丁卯），和曹操的羊有「三合」的優勢。他的同胞弟弟曹植屬猴（一九二壬申），本來非常得曹操器重，要立為接班人，卻一再因飲酒誤事而讓曹操失望，要不是真的才高八斗，能七步成詩，早就被曹丕殺了，抑鬱地活了四十一年。曹丕雖然篡漢當了七年皇帝，卻在四十歲就死了。兒子明帝曹叡當了十三年皇帝，死得更早，只有三十六歲；曹叡也屬猴（二〇四甲申），對比同一生肖的叔叔曹植，似乎相差無幾。

其實曹操最擔心的人，是小說中被「死諸葛」嚇退的司馬懿。曹操被為後世詬病的是，他說的「寧教我負天下人，休教天下人負我」。曹操曾兩次下令求才，「唯才是舉」，根本不管德行，因而把東漢兩百多年累積的道德觀念完全破壞，而這樣求來的人才，司馬懿就是個中翹楚；史書上說他「猜忌多權變」，這和曹操是一樣的，又有「狼顧之相」（狼性畏怯，所以常回頭看）。曹操早已覺察司馬懿陰沉而有大志，自己又曾經有過「三馬同食一槽」的惡夢，非常不爽，因而對太子曹丕說：「司馬懿絕不甘心做臣子，一定會干預你的家事。」可是曹丕一向信任司馬懿，極力袒護，曹操也無可奈何。

曹丕死後，魏明帝開始重用司馬懿對抗諸葛亮，明帝死前，司馬懿已經是掌握軍權的太尉；明帝死後，立刻成為太傅，和宗室曹爽一起輔政。司馬懿隱忍十年，終於殺了曹爽，自任宰相，開始專政，但只兩年就死了，長子司馬師繼承權勢。司馬師屬鼠（二〇八戊子），廢了魏帝曹芳（二三二壬子，屬鼠），但來不及篡奪就死了，終年四十八歲。弟司馬昭一接棒就立曹奐為元帝，自己「挾天子以令諸侯」，可謂是「司馬昭之心，路人皆知」。司馬昭屬兔（二一一辛卯），完全仿照曹操的操作，先自稱相國、晉公，受九錫，再稱晉王，眼看離稱帝只差一步，卻病死了，終年五十五歲。兒子司馬炎立刻效法曹丕，篡魏稱帝，建立了晉朝；司馬炎屬龍（二三六丙辰），也活了五十五歲。

八千里路雲和月

岳飛的事蹟家喻戶曉，他的〈滿江紅〉詞，「怒髮衝冠憑欄處，瀟瀟雨歇。……」很多人都會唱。他被宋高宗趙構和秦檜以「莫須有」的罪名祕密殺害時，是高宗紹興十一年（一一四一）十二月底，才三十九歲。推其生年，是徽宗崇寧二年癸未（一一〇三），生肖屬羊。

南宋第一個皇帝高宗趙構，是徽宗的第九個兒子，生肖屬豬（一一〇七）。他的長兄欽宗趙桓屬龍（一一〇〇庚辰），大他八歲。趙桓二十六歲時，當了二十五年皇帝的徽宗趙佶（一〇八二壬戌，屬狗），眼看國勢危殆，就傳位趙桓。屬龍的兒子和屬狗的父親生肖正相衝，趙桓接皇帝不到兩年，京師被金人攻陷，趙桓只得投降，和父親都成了囚虜，被帶去北方，過了三十年屈辱悲涼的生活，在五十七歲去世，真是「享國日淺，而受禍至深！」趙構在父兄都被俘虜北去後，為收拾局面，隨即在河南商丘即位，使宋朝國祚再延續了一百五十多年。

秦檜屬馬（一〇九〇庚午），二十六歲進士及第，又通過「詞學兼茂科」，三十八歲已是「御史中丞」。靖康之難時，隨徽、欽二帝到金國，被留四年，金人放他回國。回朝後，揣摩上意，主張和議，漸得高宗信任。四十二歲當了宰相，前後十九年，力推和議，和議一完成，就殺了岳飛，於六十六歲病死。《宋史・奸臣傳》說：「檜劫制君父，包藏禍心，倡和誤國，忘仇斁倫，一時忠臣良將，誅鋤略盡。」其奸惡真是罄竹難書。趙構或只是利用秦檜當工具，遂行他與金人苟和的私心。明朝王禕就說：「惟高宗無復有志於中原，故奸檜之計行而武穆死矣！」岳飛的死換來和議的簽訂，高宗這才能安穩地當了三十六年皇帝和二十五年的太上皇，活到八十一歲，享盡了人間榮華富貴，但他的歷史定位恐怕就只剩「偷安忍恥，忘親事仇」八個字了。

再三低吟「三十功名塵與土，八千里路雲和月」時，岳飛孤寂的情懷，恍如就在眼前。高宗「亥豬」與岳飛「未羊」不是「六衝」，再說岳飛的「羊」和秦檜的「馬」，還是「六合」呢，照理彼此應無衝撞。但岳飛的遭遇卻是如此這般，真的就是他的宿命嗎……

歷代帝王的生肖

子鼠（共十九位）

帝王稱號	生肖干支（西元生卒年）	備註
西漢平帝劉衎	壬子（前九－六）	
新王莽	丙子（前四五－二三）	
曹魏齊王曹芳	壬子（二三二－二七四）	曹魏第三代皇帝，在位最久
東吳少帝孫亮	甲子（二四四－二六〇）	又稱吳廢帝，二五八年被廢，兩年後被流放，途中死亡

南朝梁元帝蕭繹	戊子（五〇八－五五五）	
北齊高祖高歡	丙子（四九六－五四七）	奠定北齊，追尊為神武帝
北齊後主高緯	丙子（五五六－五七七）	
唐高宗李治	戊子（六二八－六八三）	
唐昭宣帝李柷	壬子（八九二－九〇七）	又稱哀帝
五代後晉高祖石敬塘	壬子（八九二－九四二）	後晉開國皇帝
五代後周太祖郭威	甲子（九〇四－九五四）	後周開國皇帝
十國南唐元宗李璟	丙子（九一六－九六一）	
十國吳越忠憲王錢弘佐	戊子（九二八－九四七）	
宋神宗趙頊	戊子（一〇四八－一〇八五）	
宋寧宗趙擴	戊子（一一六八－一二二四）	
宋度宗趙禥	庚子（一二四〇－一二七四）	

金章宗完顏璟	戊子（一一六八—一二〇八）	
元明宗和世㻋	庚子（一三〇〇—一三二九）	
明成祖朱棣	庚子（一三六〇—一四二四）	永樂帝，一四〇二年即位

丑牛（共二十一位）

帝王稱號	生肖干支（西元生卒年）	備註
漢景帝劉啟	癸丑（前一八八—前一四一）	
蜀漢劉備	辛丑（一六一—二二三）	蜀漢開國皇帝，在位三年
晉哀帝司馬丕	辛丑（三四一—三六五）	
南朝宋前廢帝劉子業	己丑（四四九—四六六）	

南朝齊鬱林王蕭昭業	癸丑（四七三—四九四）	被蕭鸞殺
北齊世宗高澄	辛丑（五二一—五四九）	
北齊廢帝高殷	乙丑（五四五—五六一）	五六〇年被廢
隋煬帝楊廣	己丑（五六九—六一八）	被宇文化及殺
隋恭帝楊侑	乙丑（六〇五—六一九）	六一九年八月卒，隋亡
唐順宗李誦	辛丑（七六一—八〇六）	八〇五年八月被迫退位，傳位憲宗
唐敬宗李湛	己丑（八〇九—八二七）	在位三年，被宦官劉克明殺
唐文宗李昂	己丑（八〇九—八四〇）	
唐懿宗李漼	癸丑（八三三—八七三）	八七三年迎佛骨
五代後周恭帝郭宗訓	癸丑（九五三—九七三）	本姓柴，九六〇年遜位，周亡宋興
十國吳越忠遜王錢弘倧	己丑（九二九—九七一）	

十國吳越忠懿王錢俶	己丑（九二九－九八八）	九七八年歸宋
宋理宗趙昀	乙丑（一二〇五－一二六四）	
西夏景宗李元昊	辛丑（一〇〇三－一〇四八）	西夏開國皇帝
西夏惠宗李秉常	辛丑（一〇六一－一〇八六）	
西夏獻宗李德旺	辛丑（一一八一－一二二六）	
元成宗鐵穆耳	乙丑（一二六五－一三〇七）	

寅虎（共二十一位）

帝王稱號	生肖干支（西元生卒年）	備註
秦始皇嬴政	壬寅（前二五九－前二一〇）	第一位使用皇帝稱號的君主

漢宣帝劉詢	庚寅（前九一－前四八）	
漢質帝劉纘	戊寅（一三八－一四六）	被梁冀毒殺，在位一年餘
曹魏元帝曹奐	丙寅（二四六－三〇二）	二六五年退位，魏亡，被晉朝封為陳留王
東晉廢帝司馬奕	壬寅（三四二－三八六）	三七一年被桓溫廢
北魏孝明帝拓跋詡	庚寅（五一〇－五二八）	六歲繼位
北魏孝武帝拓跋修	庚寅（五一〇－五三五）	被宇文泰鴆殺，北魏亡
北齊幼主高恆	庚寅（五七〇－五七七）	七歲即位，八歲被殺，北齊亡
北周明帝宇文毓	甲寅（五三四－五六〇）	五五七年宇文護立，又被其毒殺
唐代宗李豫	丙寅（七二六－七七九）	
唐宣宗李忱	庚寅（八一〇－八五九）	好長生術，因丹藥中毒而亡

十國閩王王潮	丙寅（八四六－八九八）	閩國奠基人，傳弟王審知為太祖
五代荊南武信王高季興	戊寅（八五八－九二九）	荊南建國者
五代南漢後主劉鋹	壬寅（九四二－九八〇）	九五八年繼位，九七一年降宋，南漢亡
金廢帝海陵王完顏亮	壬寅（一一二二－一一六一）	被部將殺
西夏襄宗李安全	庚寅（一一七〇－一二一一）	因李遵頊政變被廢，死因不明
元定宗貴由	丙寅（一二〇六－一二四八）	
元英宗碩德八剌	壬寅（一三〇二－一三二三）	被御史大夫殺
明孝宗朱祐樘	庚寅（一四七〇－一五〇五）	弘治中興
清世祖福臨	戊寅（一六三八－一六六一）	順治，清朝入關首位皇帝
清宣宗旻寧	壬寅（一七八二－一八五〇）	道光

卯兔（共二十九位）

帝王稱號	生肖干支（西元生卒年）	備註
漢惠帝劉盈	辛卯（前二一〇－前一八八）	
漢光武帝劉秀	乙卯（前六－五七）	東漢開國皇帝
漢和帝劉肇	己卯（七九－一〇六）	
漢順帝劉保	乙卯（一一五－一四四）	
曹魏文帝曹丕	丁卯（一八七－二二六）	曹魏開國皇帝
東吳景帝孫休	乙卯（二三五－二六四）	
晉惠帝司馬衷	己卯（二五九－三〇七）	中毒身亡
東晉穆帝司馬聃	癸卯（三四三－三六一）	兩歲繼位
南朝宋明帝劉彧	己卯（四三九－四七二）	

南朝宋後廢帝劉昱	癸卯（四六三－四七七）	被蕭道成殺
北齊孝昭帝高演	乙卯（五三五－五六一）	在位一年，墮馬重傷而亡
北周宣帝宇文贇	己卯（五五九－五八〇）	在位一年，五七九年傳位太子
五代後漢高祖劉暠	乙卯（八九五－九四八）	原名劉知遠後漢開國皇帝，在位一年
五代後漢隱帝劉承祐	辛卯（九三一－九五一）	兵敗被殺，後漢亡
五代前蜀高祖王建	丁卯（八四七－九一八）	前蜀開國皇帝
五代後蜀後主孟昶	己卯（九一九－九六五）	九三五年繼位，九六五年降宋，後蜀亡
十國荊南德仁王高繼沖	癸卯（九四三－九七三）	九六三年降宋，荊南亡
十國北漢世祖劉旻	乙卯（八九五－九五四）	北漢開國皇帝
宋光宗趙惇	丁卯（一一四七－一二〇〇）	一一九四年遜位

遼世宗耶律阮	己卯（九一九－九五一）	遇反被殺
遼穆宗耶律璟	辛卯（九三一－九六九）	被近侍殺
遼天祚帝耶律延禧	乙卯（一〇七五－一一二八）	被金俘，遼亡
金太宗完顏晟	乙卯（一〇七五－一一三五）	在位期間滅北宋、遼國
金世宗完顏雍	癸卯（一一二三－一一八九）	
明宣宗朱瞻基	己卯（一三九九－一四三五）	宣宗章皇帝
明憲宗朱見濡	丁卯（一四四七－一四八七）	成化帝，原名朱見深
明世宗朱厚熜	丁卯（一五〇七－一五六七）	嘉靖帝
清高宗弘曆	辛卯（一七一一－一七九九）	乾隆，在位六十年禪位
清文宗奕詝	辛卯（一八三一－一八六一）	咸豐

辰龍（共二十四位）

帝王稱號	生肖干支（西元生卒年）	備註
晉武帝司馬炎	丙辰（二三六－二九〇）	二六五年篡魏稱帝
晉懷帝司馬熾	甲辰（二八四－三一三）	被劉聰殺
東晉簡文帝司馬昱	庚辰（三二〇－三七二）	
南朝齊武帝蕭賾	庚辰（四四〇－四九三）	
南朝齊明帝蕭鸞	壬辰（四五二－四九八）	
南朝梁武帝蕭衍	甲辰（四六四－五四九）	梁朝開國皇帝，五〇二－五四九年在位
北魏明帝拓跋嗣	壬辰（三九二－四二三）	
北魏文成帝拓跋濬	庚辰（四四〇－四六五）	

東魏孝靜帝元善見	甲辰（五二四－五五二）	五三四—五五〇年在位，被高洋廢，東魏亡
唐中宗李哲	丙辰（六五六－七一〇）	原名李顯，二度在位，被韋后毒害
十國南漢殤帝劉玢	庚辰（九二〇－九四三）	被弟劉弘熙殺
十國南漢中宗劉晟	庚辰（九二〇－九五八）	原名劉弘熙
十國荊南貞懿王高保融	庚辰（九二〇－九六〇）	
宋真宗趙恆	戊辰（九六八－一〇二二）	咸平之治
宋哲宗趙煦	丙辰（一〇七六－一一〇〇）	
宋欽宗趙桓	庚辰（一一〇〇－一一五六）	一一二五年即位，一一二七年被俘
遼太祖耶律億	壬辰（八七二－九二六）	耶律阿保機，遼國（契丹）開國皇帝，九一六年建國
遼興宗耶律宗真	丙辰（一〇一六－一〇五五）	

西夏仁宗李仁孝	甲辰（一一二四—一一九三）	
元憲宗蒙哥	戊辰（一二〇八—一二五九）	
元文宗圖帖木耳	甲辰（一三〇四—一三三二）	
明太祖朱元璋	戊辰（一三二八—一三九八）	洪武帝，明朝開國皇帝
清仁宗顒琰	庚辰（一七六〇—一八二〇）	嘉慶
清穆宗載淳	丙辰（一八五六—一八七四）	同治

巳蛇（共十七位）

帝王稱號	生肖干支（西元生卒年）	備註
西楚霸王項羽	己巳（前二三二—前二〇二）	兵敗自刎
漢高祖劉邦	乙巳（前二五六—前一九五）	漢朝開國皇帝

漢章帝劉炟	丁巳（五七－八八）	
漢殤帝劉隆	乙巳（一〇五－一〇六）	出生百餘日繼位，在位八個月病死
東晉成帝司馬衍	辛巳（三二一－三四二）	
北魏後廢帝元朗	癸巳（五一三－五三二）	被高歡殺
北齊武成帝高湛	丁巳（五三七－五六九）	五六一－五六五年在位，五六五－五六九年位居太上皇，實際掌權八年
北周靜帝宇文闡	癸巳（五七三－五八一）	傳位楊堅，北周亡
五代後唐莊宗李存勖	乙巳（八八五－九二六）	後唐開國皇帝，被郭從謙射殺
五代後唐末帝李從珂	乙巳（八八五－九三七）	被石敬塘逼自焚，後唐亡
五代後周世宗柴榮	辛巳（九二一－九五九）	
十國吳宣帝楊隆演	丁巳（八九七－九二〇）	被徐溫欺侮憂鬱而亡

西夏太宗李德明	辛巳（九八一－一〇三二）	
元武宗海山	辛巳（一二八一－一三一一）	
元泰定帝也孫帖木耳	癸巳（一二九三－一三二八）	
明建文帝朱允炆	丁巳（一三七七－？）	二十二歲繼位，在位四年，因燕王發起靖難之變，攻入首都而失蹤
明熹宗朱由校	乙巳（一六〇五－一六二七）	

午馬（共二十四位）

帝王稱號	生肖干支（西元生卒年）	備註
漢元帝劉奭	丙午（前七五－前三三）	

漢成帝劉驁	庚午（前五一－前七）	
漢安帝劉祜	甲午（九四－一二五）	十三歲即位
晉安帝司馬德宗	壬午（三八二－四一九）	被劉裕殺
南朝宋少帝劉義符	丙午（四〇六－四二四）	四二三年繼位，旋被廢殺
南朝宋孝武帝劉駿	庚午（四三〇－四六四）	
北魏獻文帝拓拔弘	甲午（四五四－四七六）	四七一年遜位
北齊文宣帝高洋	丙午（五二六－五五九）	北齊開國皇帝
唐太宗李世民	戊午（五九八－六四九）	六二六年即位，開創貞觀之治
唐德宗李适	壬午（七四二－八〇五）	
唐憲宗李純	戊午（七七八－八二〇）	被宦官陳弘志殺
唐武宗李炎	甲午（八一四－八四六）	原名李瀍，因丹藥中毒而亡

唐僖宗李儇	壬午（八六二－八八八）	
十國後蜀高祖孟知祥	甲午（八七四－九三四）	後蜀開國皇帝
十國楚衡陽王馬希聲	戊午（八九八－九三二）	
十國閩太祖王審知	壬午（八六二－九二五）	閩國開國君主
金哀宗完顏守緒	戊午（一一九八－一二三四）	自縊死，金亡
元太祖鐵木真	壬午（一一六二－一二二七）	成吉思汗
元太宗窩闊臺	丙午（一一八六－一二四一）	滅金
明仁宗朱高熾	戊午（一三七八－一四二五）	
明光宗朱常洛	壬午（一五八二－一六二〇）	泰昌帝，在位二十九天暴斃
清聖祖玄燁	甲午（一六五四－一七二二）	康熙，八歲繼位
清世宗胤禛	戊午（一六七八－一七三五）	雍正
清末帝溥儀	丙午（一九〇六－一九六七）	宣統，四歲繼位，六歲退位

未羊（共十九位）

帝王稱號	生肖干支（西元生卒年）	備註
秦二世胡亥	辛未（前二三〇－前二〇七）	前二一〇年即位，被趙高殺，秦亡
漢哀帝劉欣	乙未（前二六－前一）	
漢沖帝劉炳	癸未（一四三－一四五）	兩歲繼位，在位一百四十八天，病死
東晉明帝司馬紹	己未（二九九－三二五）	三二三年繼位
南朝宋文帝劉義隆	丁未（四〇七－四五三）	被太子劭殺
南朝劉宋順帝劉準	丁未（四六七－四七九）	由蕭道成於四七七年立，四七九年廢殺，劉宋亡
南朝梁簡文帝蕭綱	癸未（五〇三－五五一）	被侯景廢殺
南朝陳武帝陳霸先	癸未（五〇三－五五九）	陳朝開國皇帝，在位二年

北魏道武帝拓跋珪	辛未（三七一－四〇九）	北魏開國皇帝
北魏孝文帝拓跋宏	丁未（四六七－四九九）	四七一年受讓即位
十國楚文昭王馬希範	己未（八九九－九四七）	
十國吳越文穆王錢元瓘	丁未（八八七－九四一）	
宋孝宗趙昚	丁未（一一二七－一一九四）	一一八九年遜位
宋恭帝趙㬎	辛未（一二七一－一三二三）	四歲繼位，被俘
遼聖宗耶律隆緒	辛未（九七一－一〇三一）	復號契丹，在位四十九年
西夏神宗李遵頊	癸未（一一六三－一二二六）	
金宣宗完顏珣	癸未（一一六三－一二二四）	
明英宗朱祁鎮	丁未（一四二七－一四六四）	一四四九年土木堡之變，一四五七年復辟
清德宗載湉	辛未（一八七一－一九〇八）	光緒

申猴（共二十三位）

帝王稱號	生肖干支（西元生卒年）	備註
漢桓帝劉志	壬申（一三二—一六八）	
漢靈帝劉宏	丙申（一五六—一八九）	
魏明帝曹叡	甲申（二〇四—二三九）	
東晉元帝司馬睿	丙申（二七六—三二三）	東晉第一位皇帝
南朝齊海陵王蕭昭文	庚申（四八〇—四九四）	被蕭鸞殺
北魏太武帝拓跋燾	戊申（四〇八—四五二）	被宦官殺
陳廢帝陳伯宗	壬申（五五二—五七〇）	五六八年被廢
周武則天	甲申（六二四—七〇五）	六八四年實際掌權，六九〇年稱帝
十國吳越武肅王錢鏐	壬申（八五二—九三二）	吳越開國國王

五代後梁太祖朱晃	壬申（八五二—九一二）	本名朱溫，後梁開國皇帝，被兒子友珪殺
五代後梁末帝朱友貞	戊申（八八八—九二三）	兵敗自殺，後梁亡
十國吳太祖楊行密	壬申（八五二—九〇五）	吳國奠定者
十國南唐烈祖李昪	戊申（八八八—九四三）	南唐開國皇帝
十國楚武穆王馬殷	壬申（八五二—九三〇）	南楚開國君王
十國吳睿帝楊溥	庚申（九〇〇—九三八）	五代十國唯一正式稱帝的君主
十國荊南貞安王高保勖	甲申（九二四—九六二）	
宋英宗趙曙	壬申（一〇三二—一〇六七）	在位四年，病逝
宋少帝趙昺	壬申（一二七二—一二七九）	宋朝末代皇帝，於廣東崖山跳海自殺
遼景宗耶律賢	戊申（九四八—九八二）	

遼道宗耶律洪基	壬申（一〇三二—一一〇一）	
金太祖完顏旻	戊申（一〇六八—一一二三）	完顏阿骨打，金朝開國皇帝
元順帝妥懽貼睦爾	庚申（一三二〇—一三七〇）	一三六八年徐達入北京，元亡
明代宗朱祁鈺	戊申（一四二八—一四五七）	景泰帝

酉雞（共十三位）

帝王稱號	生肖干支（西元生卒年）	備註
漢武帝劉徹	乙酉（前一五六—前八七）	十六歲繼位，第一位使用年號的皇帝
漢獻帝劉協	辛酉（一八一—二三四）	二二〇年被曹丕篡位，東漢亡

曹魏少帝曹髦	辛酉（二四一－二六〇）	二五四年繼位，被司馬昭殺
北周太祖宇文泰	乙酉（五〇五－五五六）	北周奠基者
陳後主陳叔寶	癸酉（五五三－六〇四）	五八九年亡於隋
隋文帝楊堅	辛酉（五四一－六〇四）	隋朝開國皇帝
唐玄宗李隆基	乙酉（六八五－七六二）	七五六年遜位
十國前蜀後主王衍	辛酉（九〇一－九二六）	被後唐莊宗殺
十國南唐後主李煜	丁酉（九三七－九七八）	九七五年降宋，南唐亡
十國南漢高祖劉龑	己酉（八八九－九四二）	南漢開國皇帝
西夏桓宗李純祐	丁酉（一一七七－一二〇六）	
元仁宗愛育黎拔力八達	乙酉（一二八五－一三二〇）	
明穆宗朱載坖	丁酉（一五三七－一五七二）	

戌狗（共十五位）

帝王稱號	生肖干支（西元生卒年）	備註
漢文帝劉恆	戊戌（前二〇三－前一五七）	
東吳大帝孫權	壬戌（一八二－二五二）	
東晉孝武帝司馬曜	壬戌（三六二－三九六）	被後宮嬪妃殺
東晉恭帝司馬德文	丙戌（三八六－四二一）	四一八年劉裕立，又殺之稱帝
南朝陳宣帝陳頊	庚戌（五三〇－五八二）	
北周孝閔帝宇文覺	壬戌（五四二－五五七）	北周開國君主
唐高祖李淵	丙戌（五六六－六三五）	唐朝開國皇帝，六二六年遜位
唐睿宗李旦	壬戌（六六二－七一六）	二度在位，七一二年遜位

五代後唐閔帝李從厚	甲戌（九一四－九三四）	被弟從珂殺
五代後晉出帝石重貴	甲戌（九一四－九七四）	九四六年被契丹俘，後晉亡
十國北漢睿宗劉鈞	丙戌（九二六－九六八）	
宋仁宗趙禎	庚戌（一〇一〇－一〇六三）	
宋徽宗趙佶	壬戌（一〇八二－一一三五）	一一〇一年繼位，一一二五年禪位，被金俘，死於金
遼太宗耶律德光	壬戌（九〇二－九四七）	改國號為遼
太平天國洪秀全	甲戌（一八一四－一八六四）	一八五一年建都南京，時年三十八歲

亥豬（共二十六位）

帝王稱號	生肖干支（西元生卒年）	備註
漢昭帝劉弗陵	丁亥（前九四－前七四）	
蜀漢後主劉禪	丁亥（二〇七－二七一）	乳名阿斗，二六三年降魏，在位四十一年
東吳末帝孫皓	癸亥（二四三－二八三）	二八〇年降晉，三國最後一位皇帝
南朝宋武帝劉裕	癸亥（三六三－四二二）	劉宋開國皇帝
南朝齊東昏侯蕭寶卷	癸亥（四八三－五〇一）	被蕭衍廢殺
北魏宣武帝元恪	癸亥（四八三－五一五）	
西魏文帝元寶炬	丁亥（五〇七－五五一）	
北魏孝莊帝元子攸	丁亥（五〇七－五三一）	

南朝梁敬帝蕭方智	癸亥（五四三－五五八）	五五五年陳霸先擁立為王，五五七年禪位陳霸先，隔年被殺，南梁亡
北周武帝宇文邕	癸亥（五四三－五七八）	
唐肅宗李亨	辛亥（七一一－七六二）	於安史之亂時即位
唐穆宗李恆	乙亥（七九五－八二四）	
唐昭宗李曄	丁亥（八六七－九〇四）	被朱溫殺
五代後唐明宗李亶	丁亥（八六七－九三三）	
十國荊南文獻王高從誨	辛亥（八九一－九四八）	
宋太祖趙匡胤	丁亥（九二七－九七六）	九六〇年正月黃袍加身，宋朝開國皇帝
宋太宗趙光義	己亥（九三九－九九七）	又名趙炅，九七八年一統中國
宋高宗趙構	丁亥（一一〇七－一一八七）	南宋第一位皇帝

西夏太祖李繼遷	癸亥（九六三－一〇〇四）	九八五年受遼冊為西夏國王
西夏毅宗李諒祚	丁亥（一〇四七－一〇六八）	一歲即位
西夏崇宗李乾順	癸亥（一〇八三－一一三九）	
金熙宗完顏亶	己亥（一一一九－一一五〇）	被完顏亮殺
元世祖忽必烈	乙亥（一二一五－一二九四）	建立元朝
明武宗朱厚照	辛亥（一四九一－一五二一）	正德帝
明神宗朱翊鈞	癸亥（一五六三－一六二〇）	萬曆帝，在位四十八年
明思宗朱由檢	辛亥（一六一一－一六四四）	崇禎帝，自縊殉國，明亡

資料來源說明：

一、本表參考「維基百科」資料，並以正史〈本紀〉參證。

二、帝王生年的西元時間，如確定為西元一月中前，則為農曆十二月。例如資料顯示東漢光武帝劉秀的生年為「前五年一月十五日，建平元年十二月甲子」，由「建平元年」可了解，實際生年為西元前六年乙卯。

〈天命〉

黃啟方

天命從來不可賒，人情翻覆豈知耶。
秦皇漢武非龍種，夫子貌如狗喪家！

參

十二生肖詩詞說

十二生肖詩之演變

十二生肖又稱「十二屬」、「十二辰」、「十二神」。南宋後期人續補阮閱《詩話總龜》所編之《詩話總龜．後集》卷二十五引葛勝仲（一○七二壬子－一一一四）《丹陽集》的話說：

> 詩體如八音歌、建除體之類，古人賦詠多矣。用「十二神」為詩者，始見於沈炯，山谷亦嘗效為之。余友人莫之用，其祖戩，嘗以辯舌說賊，脫百人於死，意其後必昌，而之用乃貧不能以自存，天理殆難曉也！余嘗以此格作詩贈之云：

> 抱犬高眠已雲足，更得牛衣有餘燠。起來敗絮擁懸鶉，誰羨龍髯織冰縠。
> 踏翻菜園底用羊，從他春雷吼枯腸。擊鐘烹鼎莫渠愛，小芼自詡猴葵香。
> 半世飢寒孔移帶，鼠米占來身漸泰。吉雲神馬日匝三，樗蒲肯作豬奴態。
> 虎頭食肉何足誇，陰德由來報宜奢。丹竈功成無躍兔，玉函方祕緣青蛇。

今傳《丹陽集》未見此詩，但見於葛勝仲子葛立方（？－一一六五）之《韻語陽秋》卷三；葛立方並未言是其父所述作，則應為葛立方所作。《詩話總龜・後集》編者或誤記。葛立方此作，依次以犬、牛、龍、羊、猴、鼠、馬、豬、虎、兔、蛇為序，而以「鶉」代「雞」，且並未依十二生肖之次序。

明朝張溥所輯《漢魏六朝百三家集・陳沈炯集題詞》云：「詠十二神尤驚創體，亦戲謔類耳。」（卷一百四）一般以為詠十二生肖詩由南朝陳的沈炯（五〇四甲申－五六二）首創，也是承葛立方之說，依沈炯所作〈十二屬〉詩（請見一九九頁）判斷。

又考晚唐皮日休（八三四甲寅－八八三）〈雜體詩序〉已說：「至如鮑照之〈建除〉，沈炯之〈六甲〉、〈十二屬〉。」知沈炯應是此體始創者。而據下文所引北宋晁補之（一〇五三癸巳－一一一〇）〈擬樂府十二辰歌〉，則以此體詩屬之「樂府」。清乾隆皇帝〈效仇遠十二辰體詠金川事解悶有序〉（請見二四二頁）說，乾隆以為〈十二辰體〉起自鮑照（四一四甲寅－四六六），實則此體早在鮑照之前的沈炯，而鮑照有〈數〉詩、〈建除體〉，自唐代皮日休已見，乾隆應是誤記。

十二生肖詩自沈炯之後，作者極為罕見，至北宋黃庭堅（一〇四五乙酉－一一〇五），才有〈長短星歌〉之作，就是詠十二神者。黃庭堅之後，據《四庫全書》及《四部叢刊》所收錄，則宋朝作者稍多，計十一家十二首。宋以後則元朝仇遠一首、劉因一首、揭傒斯一首；明朝胡儼、呂旭、吳寬、陸深、王世貞各一首；清朝乾隆有二首，三代共只九家十一首，而所用相關典故，都已在宋人詩中出現，更難發揮，是亦此體詩難以發揚光大之主因。

本編將自沈炯、黃庭堅以後所知見者，稍作注釋，以見古人於詩歌之別開生面。乾隆皇帝所作兩首之一，牽涉當日時事，與前人之抒懷有別，故只錄詩作以供參閱。

歷代十二生肖詩

南朝陳

沈炯[1]〈十二屬〉

鼠跡生塵案，牛羊暮下來。虎嘯坐空谷，兔月向牕開。
龍隰[2]遠青翠，蛇柳[3]近徘徊。馬蘭[4]方遠摘，羊負[5]始春栽。
猴栗[6]羞芳果，雞跖引清杯。狗其[7]懷物外，豬蠡[8]窅悠哉。

說明

本詩為此體始創者，以十二生肖為每句首字，自第五句至第十一句，應全是植物名。

然，如第六句「蛇柳」，則已不知為何物。

註釋

1. 沈炯生於梁武帝天監三年（五〇四甲申），卒於陳文帝天嘉三年（五六二）。
2. 龍隰：一種長在濕地的紅草。
3. 蛇柳：應係植物名。
4. 馬蘭：一種蘭草，生長田畔山崖，秋開紫花，如菊而小。可入藥。
5. 羊負：植物名，或以為即卷耳、蒼耳。
6. 猴栗：或做猴櫟。
7. 狗其：或借為「枸杞」。
8. 豬蠡：或作豬贏，一種海螺。窅是深的意思。螺在深海中，悠哉游哉！

宋朝

黃庭堅[1]〈長短星歌〉

正月虎，七澤[2]陰風[3]無避處。少年射殺白額歸[4]，二十一歲賜旗鼓。
二月兔，翰墨功名歸四杜。中山毛遂定從還，十九上客誰復數。[5]
三月龍，定力降來一缽中。升騰便欲致雲雨[6]，十六開士觀雲風[7]。
四月蛇，九蛇相輔成晉家。屈原離騷二十五，不及之推死怨嗟。[8]
五月馬，十五國風多詠寫[9]。漢將西極天馬來[10]，二十五城不當價[11]。
六月羊，十歲小兒牧道傍。他年叱石金華路，二十年前身姓黃。[12]
七月猴，恒山八命列封侯。當年傳國二十二[13]，想是衣冠騎土牛[14]。
八月雞，二妙靈臺向曉啼[15]。五更風雨十八九[16]，殘月昏昏信可期。
九月狗，三窟深坑四荒走[17]。暮歸得兔十六七，黃盧朱雀皆在後[18]。
十月豬，白頭一笑獻士夫[19]。殺身願為魯津伯，申封蘭王十四都[20]。
十一月鼠，列十二辰配龍虎。二十二年看仙飛，一朝化作蝙蝠去[21]。
十二月牛，百戶椎肥醉九州。角端圍寸二十五，良弓之材牛帶牛[22]。

說明

這首詩收錄於《山谷別集》卷六。「長短星」是星象家的說法，「庚辛」是「長星」，春夏用「庚」，秋冬用「辛」；「丙丁」是「短星」，春夏用「丙」，秋冬用「丁」。相當複雜，亦可見古人之博學。

夏、商、周三代曆法不同，夏曆以正月建寅為一年之始，商以十二月，周以十一月。秦用周曆，以十一月為歲首，漢初沿用秦曆，至漢武帝太初元年（前一〇四）四月，恢復用夏曆，以正月為歲首，沿用至今，俗稱農曆。黃庭堅此處是以建寅為正月，寅為虎，詩詠自「正月虎」依十二生肖次序至「十二月牛」。此「歌」十二段，每段四句，各詠一個生肖，與沈炯之做法不同。

註釋

1. 黃庭堅生於宋仁宗慶曆五年（一〇四五乙酉），卒於宋徽宗崇寧四年（一一〇五）。
2. 七澤：《漢書・司馬相如傳》：「楚有七澤，其小者為雲夢，方九百里。」或以為即「雲夢」。又以指楚境荊州。
3. 陰風：《周易・繫辭》云：「雲從龍，風從虎。」水澤生風，故謂陰風。亦指冷風、寒風。

4. 少年射殺白額歸：王維〈老將行〉：「少年十五二十時，步行奪得胡馬騎。射殺中山白額虎，肯數鄴下黃鬚兒。一身轉戰三千里，一劍曾當百萬師。」是指漢飛將軍李廣。

5. 二月兔三句：兔在十二神居第四。以下均據韓愈〈毛穎傳〉，特標出毛遂，成為信陵君三千門客之首。

6. 定力二句：《開元天寶遺事．求雨》：「明皇令無畏求雨。云：『旱數當然，召龍適足致暴雨耳！』乃盡去求雨之具，以一鉢水，小刀攪之，須臾有龍如指大入鉢中，復攪呪之，白氣自鉢中出，少頃大風雨。」

7. 十六開士觀雲風：《楞嚴經》：「十六開士悟圓通。」謂能開眾生信心之士。或作「闓士」，李白詩〈登巴陵開元寺西閣贈衡嶽僧方外〉：「衡嶽有闓士，五峰秀真骨。」

8. 四月蛇三句：晉文公重耳流亡時追隨者有狐偃、趙衰、顛頡、魏武子、胥臣臼季、狐毛、賈佗、陶叔狐、介之推等九人。回國後晉文公賞從亡者，介之推不言祿，祿亦弗及；其母曰：「盍亦求之？以死誰懟！」對曰：「尤而效之，罪又甚焉！且出怨言，不食其食。」遂隱於首陽山以死。屈原有〈離騷〉等二十五篇作品，「離騷」就是「遭憂」。

9. 十五國風多詠寫：《詩經．風》有十五國風，多詠馬篇什。

10. 漢將西極天馬來：漢武帝為取得西域大宛汗血寶馬，伐大宛，得千里馬，作〈西極天馬歌〉云：「天馬來兮從西極，經萬里兮歸有德，承靈威兮降外國，涉流沙兮四夷服。」

11. 二十五城不當價：漢高祖七年，陳豨反常山，二十五城亡其二十城，十一年十二月，陳豨軍敗。此處或用此事以比雖二十五城不能與得天馬比。

12. 六月羊三句：葛洪《神仙傳》：「皇初平者，年十五家使牧羊。有道士見其良謹，使將至金華山石室中，四十餘年，忽然，不復念家。其兄初起，入山索初平，歷年不能得見，後在市中，有道士善卜，乃問之，……道士曰：『金華山中有一牧羊兒，姓皇字初平。』……兄即隨道士去尋求，果得相見，……，問弟曰：『羊皆何在？』初平曰：『羊近在山東。』初起往視，了不見羊，但見白石無數，……平曰：『羊在耳，但兄自不見之。』……平乃叱曰：『羊起。』於是白石皆變為羊，數萬頭。」而黃庭堅自以為金華皇初平之後。

13. 恆山二句：《禮記．王制》疏：「五嶽視三公。」又《周禮》：「三公八命，侯伯七命。」恆山為五嶽之一，故言「八命」。「列封侯」之「侯」，統五等爵而言。恆山因避漢文帝劉恆名諱，改稱常山。而漢朝自漢文帝以降傳二十二代。

14. 騎土牛：出《三國志．魏志》：「魏南陽州泰，善用兵，為宣王（司馬懿）所知。……泰頻喪考、妣、祖，九年居喪，宣王留缺待之，至三十六日，擢為新城太守。宣王為泰會，使尚書鍾繇調泰：『君釋褐登宰府，三十六日擁麾蓋，守兵馬郡；乞兒乘小車，一何駛乎！』泰曰：『誠有此。君，名公之子，少有文采，故守吏職；獼猴騎土牛，又何遲也！』眾賓咸悅！」「騎土牛」則不前，有文采則「衣冠」，借以言漢文帝崇儒尚儉，故傳國久遠。

15. 二妙靈臺向曉啼：凡兩個皆好，均可稱「二妙」。此或指兩隻雞。古時天子有「靈臺」，以候天地。

16. 五更風雨十八九：五更風雨，十天中有八九天。

17. 三窟深坑四荒走：三窟指兔，所謂「狡兔三窟」者，仍被狗兒追趕而四荒逃跑。

18. 黃盧朱雀皆在後：黃盧、朱雀應做韓盧、宋鵲，皆犬名。韓愈〈毛穎傳〉：「（兔）居東郭者曰㕙，狡而善走，與韓盧爭能；盧不及，盧怒，與宋鵲謀而殺之，醢其家。」

19. 白頭一笑獻士夫：豬為三牲之一。飼養有年則白頭，不知將殺猶一笑。

20. 殺身二句：豬的別名有「魯津伯」、「大蘭王」。《初學記》卷二十九：「《符子》

曰：『朔人有獻燕昭王大豕者，宰夫膳之。豕既死，乃見夢於燕相曰：『造化勞我以豕形，食我以人穢，今仗君之靈而化，始得為魯津之伯也，而浮舟者食我粳糧之珍，而欣君之惠，將報子焉。』後燕相遊於魯津，有赤龜銜夜光而獻之。』北宋袁淑有〈大蘭王九錫文〉，戲冊豬為「大蘭王」。

21. 一朝化作蝙蝠去：古人有鼠化為蝙蝠之說，如雀化為蛤，鷹化為鳩，腐草化為螢之說。

22. 角端二句：前句言牛角大小，後句或言牛車連連載弓材。「帶」一作「載」。

——《雞肋集》卷十

晁補之[1]〈擬樂府十二辰歌〉

鼷鼠食牛牛不知[2]，牛不願騂而願犁[3]。
虎噫來風皮見藉[4]，兔狡宅月肩遺胹[5]。
欲兆幽烽二龍死[6]，獨微晉澤一蛇悲[7]。
失馬吉凶方聚門[8]，亡羊臧穀未宣分[9]。
沐猴冠帶去始愜[10]，木雞風雨漠何聞。

不須皎皎吠蜀狗11，阮子與豬同酒樽12。

註釋

1. 晁補之生於宋仁宗皇祐五年（一〇五三癸巳），卒於宋徽宗大觀四年（一一一〇）。
2. 鼷鼠食牛牛不知：《春秋．文公》：「七年春，王正月，鼷鼠食郊牛。」鼷鼠一名甘口鼠，噬人畜不知痛。郊牛，指祭天（郊祭）用的牛。鼷鼠食牛角而牛不知。
3. 牛不願騂而願犁：騂指赤色的牛，祭祀時用。犁，犁田。牛寧可犁田，也不願被殺而用為祭牲。
4. 虎噫來風皮見藉：虎噫氣都會生風，卻難以避免被殺而以虎皮墊地。
5. 兔狡宅月肩遭臑：狡兔可以住到月裡，但難免連兔肩都被烹爛。
6. 欲兆幽烽二龍死：用周幽王為博褒姒一笑而舉烽，而褒姒傳乃二龍之妖所化。見《詩經．白華》。
7. 獨微晉澤一蛇悲：用晉文公與介之推事，一蛇指介之推，未得封賞而餓死首陽山。見《左傳》。
8. 失馬吉凶方聚門：用「塞翁失馬」典故。《淮南子》：「塞上之人，其馬亡入匈奴，人皆弔之。其父曰：『此何詎知不為福？』及數月，其馬將彼駿馬而歸，人皆賀之。其父曰：『此何詎知不為禍？』家富馬良，其子好騎，墮而折髀。人皆弔之；其父曰：『此何詎知不為福？』居一年，匈奴大出，丁壯者皆控弦而戰。塞上之人死者十九，此子獨以跛，故子父相保。」

9. 亡羊臧穀未宣分：《莊子．駢拇》：「臧與穀，二人相與牧羊，而俱亡其羊。問臧奚事，則挾策讀書；問穀奚事，則博塞以遊。二人者，事業不同，其於亡羊均也。」

10. 沐猴冠帶去始愜：用「沐猴而冠」典故。沐猴，獼猴，性躁急。脫去冠帶，獼猴才能輕快。

11. 不須皎皎吠蜀狗：用「蜀犬吠日」事。因平常下雨多，日少見，日出則犬吠。見《世說新語》。

12. 阮子與豬同酒樽：《晉書．阮咸傳》：「咸至，宗人間共集，不復用杯觴斟酌，以大盆盛酒，圓坐相向，大酌更飲。時有群豕來飲其酒，咸直接去其上，便共飲之。」

鄒浩[1]〈效十二屬體〉

區區鼯鼠技不優[2]，鼓刀要使無全牛[3]。
力探虎穴必有獲[4]，縱如兔窟焉能謀[5]。
好龍既久乃龍至[6]，畫蛇添足豈蛇侔[7]。
驄馬御史風烈在[8]，瘦羊博士[9]聲名流。
棘端猶作刻猴用[10]，寶鼎忽患烹雞求[11]。
相狗他年會見賞[12]，牧豕海上非吾憂[13]。

——《道鄉集》卷一

說明

此詩的十二生肖都不在每句首字。

註釋

1. 鄒浩生於宋仁宗嘉祐五年（一〇六〇庚子），卒於宋徽宗政和元年（一一一一）。

2. 區區鼯鼠技不優：鄭樵《爾雅注》：「（梧鼠）似蝙蝠而大，肉翅，尾長三尺許，背上蒼艾色，腳短爪長，飛且乳，故又名飛生。聲如人呼，食火烟，能從高赴下，不能從下上高。」《荀子》有「梧鼠五技而窮」者，謂「能飛不能上屋，能游不能渡谷，能緣不能窮木，能走不能及人，能穴不能覆身。」

3. 鼓刀要使無全牛：用《莊子．養生主》意。

4. 力探虎穴必有獲：用「不入虎穴，焉得虎子」意。

5. 縱如兔窟焉能謀：即使如狡兔有三窟，又有什麼用。

6. 好龍既久乃龍至：劉向《新序》：「葉公子高好龍。……龍聞而下之，窺頭於牖，施尾於堂。葉公見之，棄而還走，失其魂魄，五色無主。是葉公非好龍也，好夫似龍而非龍者也。」

7. 畫蛇添足豈蛇侔：《戰國策》：「昭陽為楚伐魏，……移兵而攻齊。陳軫為齊王使，見昭陽，陳軫曰：『令尹貴矣，王非置兩令尹也。臣竊為公譬之可也。楚有祠者，賜其舍人卮酒，舍人相謂曰：『數人飲之不足，一人飲之有餘。請畫地為蛇，先成者飲酒。』一人蛇先成，引酒且飲之，乃左手持卮，右手畫蛇，曰：『吾能為之足。』未成，一人之蛇成，奪其卮曰：『蛇固無足，子安能為之足？』遂飲其酒。為蛇足者，終亡其酒。今君相楚而攻魏，破軍殺將得八城，不弱兵，欲攻齊，齊畏公甚，公以是為名居足矣，官之上非可重也。戰無不勝而不知止者，身且死，爵且後歸，猶為蛇足也。』昭陽以為然，解軍而去。」

8. 驄馬御史風烈在：後漢桓典為御史，常乘驄馬，京師畏憚，為之語曰：「行行且止，避驄馬御史。」（《後漢書．桓榮傳》）

9. 瘦羊博士：《後漢書．甄宇傳》注：「建武中每臘，詔書賜博士一羊，羊有大小肥瘦，時博士祭酒議，欲殺羊分肉，又欲投鉤。宇復恥之，宇因先自取其最瘦者，由是不復有爭訟。後召會，問瘦羊博士所在。京師因以號之。」

10. 棘端猶作刻猴用：《韓非子．外儲說左上》：「宋人有請為燕王以棘刺之端為母猴者，必三月齋，然後能觀之。」

11. 寶鼎忽患烹雞求：《呂氏春秋．應言》：「市丘之鼎以烹雞，多洎之則淡而不可，少洎之則焦而不熟，然而視之蝺焉，美無所可用。」市丘，魏國城市。蝺鼎，美鼎。

12. 相狗他年會見賞：《莊子．徐無鬼》：「嘗語君，吾相狗也，下之質，執飽而止，是狸德也；中之質，若視日；上之質，若亡其一。……武侯大悅而笑。」

13. 牧豕海上非吾憂：漢朝公孫弘少時為獄吏，有罪，免。家貧，牧豕海上。見《漢書》本傳。

李彭[1]〈夜坐懷師川戲效南朝沈炯體〉

——《日涉園集》卷四

鼠鼜觸蠻兵，客夢寒窗短[1]。牛斗掛欄杆，起視夜參半[2]。
虎頭丹青手，欲畫澀回腕[3]。兔尖渴陶泓[4]，得句亦不漫。
龍沙懷石友[5]，羽觴舊無算。蛇飛梵王壁，絡繹壯神觀。
馬踏吳沙歸，轉盻歲月換。羊腸自詰曲，馳道方晏晏。
猿攜古菱花，悟罷如冰泮。雞園[6]談妙口，當我一笑粲。
狗監[7]浪延譽，凌雲非吾願。豬蹄祝汙邪[8]，舉世良可歎。

說明

李彭為黃庭堅表侄。此詩兩句寫一生肖，做法又不同。

註釋

1. 李彭生卒年不詳，約為宋哲宗紹聖年間前後在世（約一〇九四年）。

2. 鼠鏖兩句：題為「夜坐」，則鼠輩鏖戰之聲充耳。次句則「寒窗客夢短」也。

3. 牛斗二句：牛斗指牽牛、北斗星宿。

4. 虎頭兩句：晉代顧愷之小字虎頭，或謂曾任虎頭將軍，尤工丹青。有三絕，謂才絕、畫絕、癡絕。

5. 兔尖指兔毫筆；陶泓指硯。

6. 龍沙指沙漠，喻遙遠。石友喻友情之堅，用潘岳「投分寄石友」語，指石崇。

7. 雞園：佛教無憂王（阿育王）造伽藍，名雞園。佛滅後，眾多名德比丘皆住雞園。

8. 狗監：漢朝內官名，主要管理皇帝的獵犬。此處用了司馬相如得狗監推薦的故事。

9. 豬蹄祝汙邪：用《史記．滑稽列傳》：「髡曰：『今者臣從東方來，見道傍有禳田者，操一豚蹄，酒一盂，而祝曰：甌窶滿篝，汙邪滿車。五穀蕃熟，穰穰滿家。』」汙邪指低下之田。

程俱[1]〈仲嘉被檄來吳按吏，用非所長，既足嘆息，而或者妄相窺議，益足笑云。戲作十二辰歌一首〉

——《北山集》卷五

驅驥搏鼠難為功，不如置之牛皂中。
平生暴虎笑馮婦[2]，豈向兔腳分雌雄。
龍山從事盛德士[3]，達觀已悟蛇憐風[4]。
馬曹五斗[5]直如寄，羊仲三徑[6]終當同。
群猴憎猿坐殊趣，甕中醯雞[7]無遠度。
從渠狗曲誚王生[8]，欲辨龍豬復誰語[9]。

註釋

1. 程俱生於宋神宗元豐元年（一〇七八戊午），卒於宋高宗紹興十四年（一一四四）。
2. 平生暴虎笑馮婦：「馮婦博虎」出自《孟子·盡心下》：「是為馮婦也。晉人有馮婦者，善搏虎，卒為善士。則之野，有眾逐虎，虎負隅，莫之敢攖。望見馮婦，趨而迎之，馮婦攘臂下車，眾皆悅之。其為士者笑之。」笑其不知止也。

3. 龍山從事盛德士：即詩題所言仲嘉，姓江，作者好友。

4. 蛇憐風：《莊子．秋水》：「夔憐蚿，蚿憐蛇，蛇憐風，風憐目，目憐心。」夔一足，蚿多足，蛇無足，風無體，目有境，心無界。

5. 馬曹五斗：江仲嘉時任餘杭兵曹，位卑俸低，五斗米而已。

6. 羊仲三徑：嵇康《高士傳》：「求仲、羊仲，右二人不知何許人，皆治車為業，挫廉逃名。蔣元卿之去兗州，還杜陵，荊棘塞門，舍中有三逕，不出，惟二人從之游，時人謂之二仲。」

7. 醯雞：甕中之蠛蠓也。即由酒所生之小蟲，不知天地之大。

8. 從渠狗曲誚王生：《漢書．王式傳》，式為博士，「會諸大夫博士，共持酒肉勞式，皆注意高仰之。博士江公世為魯詩宗，至江公著孝經說。心嫉式。謂歌吹諸生曰：『歌驪駒。』式曰：『聞之於師，客歌驪駒。主人歌客毋庸歸。今日諸君為主人，日尚早，未可也。』江翁曰：『經何以言之？』式曰：『在曲禮。』江翁曰：『何狗曲也。』」稱「狗曲」，怒故妄言。

9. 欲辨龍豬復誰語：韓愈〈符讀書城南〉：「兩家各生子，提孩巧相如。少長聚嬉戲，不殊同隊魚。年至十二三，頭角稍相疏。二十漸乖張，清溝映汙渠。三十骨骼成，乃一龍一豬。飛黃騰踏去，不能顧蟾蜍。一為馬前卒，鞭背生蟲蛆。一為公與相，潭潭府中居。」謂賢不肖之別。

——《道鄉集》卷一

葛立方[1]〈十二神詩贈莫之用〉

抱犬高眠已云足[2]，更得牛衣有餘燠。
起來敗絮擁懸鶉[3]，誰羨龍髯織冰縠[4]。
踏翻[5]菜園底用羊，從他春雷吼枯腸[6]。
擊鐘烹鼎莫渠愛，小芼[7]自許猴葵[8]香。
半世飢寒孔移帶[9]，鼠米[10]占來身漸泰。
吉雲神馬日匝三[11]，摴蒱[12]肯作豬奴態。
虎頭食肉[13]何足誇，陰德由來報宜奢。
丹竈功成無躍兔[14]，玉函方祕緣青蛇[15]。

說明

按此詩全不按十二生肖之次序，或一句一生肖，或兩句一生肖，共十六句。又一做法。

註釋

1. 葛立方生年不詳，卒於宋孝宗隆興二年（一一六四）。
2. 抱犬高眠已云足：顏之推《顏氏家訓．勉學》：「義陽朱詹，世居江陵，後出揚都，好學，家貧無資，累日不爨。乃時吞紙以實腹，寒無氈被，抱犬而臥。犬亦飢虛，起行盜食，呼之不至，哀聲動鄰，猶不廢業，卒成學士，官至鎮南錄事參軍，為孝元所禮。」抱犬高眠就是安於貧寒之意。
3. 起來敗絮擁懸鶉：《爾雅翼》：「鶉，居易容，食易給，竄伏淺草，隨地而安。故言上世之俗曰鶉居鷇食。尾特禿，若衣之短結。傳稱：『子夏貧，衣若懸鶉。』性好鬥，物之小而健，無若此者。」懸鶉，比喻窮人所穿衣服。此詩以鶉代雞。
4. 冰縠：冰，白色；縠，絲羅。
5. 踏翻：陸雲《笑林》：「有人常食蔬茹，忽食羊肉，夢五臟神曰：『羊踏破菜園！』」

6. 從他春雷吼枯腸：比喻飢腸如雷鳴。
7. 小苼：蔞蒿菜。
8. 猴葵：一名鹿角，即紫菜類。
9. 孔移帶：南朝宋沈約以書陳情於徐勉，說自己「老病百日數旬，革代常因移孔」，這裡則是說因飢寒而腰帶漸長。
10. 鼠米：「鼠米卜」為占卜方法之一。
11. 吉雲神馬日匝三：吉雲行雨、神馬負河圖，都代表祥瑞。
12. 摴蒱：指賭博。《晉書．陶侃傳》：「諸參佐或以談戲廢事者，乃命取其酒器、蒱博之具，悉投之於江。吏將則加鞭撲，曰：『摴蒱者，牧豬奴戲耳！』」
13. 虎頭食肉：《後漢書．班超傳》：「其後行詣相者，曰：『祭酒、布衣諸生耳，而當封侯萬里之外。』超問其狀。相者指曰：『生燕頷虎頸，飛而食肉。此萬里侯相也。』」
14. 丹竈功成無躍兔：或謂因無躍兔干擾，故丹竈功成。
15. 玉函方祕緣青蛇：明酈露《赤雅》卷下：「蛇一字名者：有青蛇、赤蛇、白蛇、烏蛇，青主神，赤主火，白主傷，烏主藥。」則青蛇可以神力護「玉函」中之方祕。方祕指煉丹之祕方。

劉一止[1]〈將如京師和方時敏機宜十二辰歌一首〉

——《苕溪集》卷四

群兒鼠竊均有遇[2]，老矣自知牛後誤[3]。
成功未解鬥兩虎[4]，援翰徒勞禿千兔[5]。
佩書丱首何龍鍾，靈蛇光怪蟠心胸。
馬頭二千悲遠道，羊角萬里無高風[6]。
秦歌嗚嗚楚猴舞[7]，一笑何如共雞黍。
謀身狗苟君勿嗤，聊戲墨豬書韻語。

原注：昔人論書云：「瘦為形枯，肥為墨豬。」

註釋

1. 劉一止生於宋神宗元豐三年（一〇八〇庚申），卒於宋高宗紹興三十一年（一一六一）。

2. 群兒鼠竊均有遇：《漢書．叔孫通傳》：「（通謂二世）此特群盜鼠竊狗盜，何足置齒牙間哉？郡守尉令捕誅，何足憂？」顏師古注曰：「如鼠之竊，如狗之盜。」（卷四十三）

3. 老矣自知牛後誤：《史記．蘇秦傳》：蘇秦引鄙諺「寧為雞口，無為牛後」以說韓王。（卷六十九）

4. 成功未解鬥兩虎：《史記．春申君傳》：「歇上書說秦昭王曰：『天下莫彊於秦、楚。今聞大王欲伐楚，此猶兩虎相與鬥。兩虎相與鬥而駑犬受其弊。』」

5. 援翰徒勞禿千兔：指的是兔毫製筆，用千兔之毫筆書寫亦屬徒勞。

6. 羊角萬里無高風：《莊子．逍遙遊》：「鵬，背若泰山，翼若垂天之雲，摶扶搖羊角而上者九萬里，絕雲氣，負青天。」

7. 楚猴舞：用沐猴而冠典。

朱熹[1]〈讀十二辰詩卷，掇其餘作此，聊奉一笑〉

——《晦庵集》卷十

夜聞空簞齧飢鼠，曉駕羸牛耕廢圃。
時才虎圈聽豪夸[2]，舊業兔園[3]嗟莽鹵。
君看蟄龍臥三冬[4]，頭角不與蛇爭雄。
毀車殺馬罷馳逐，烹羊酤酒聊從容。
手種猴桃[5]垂架綠，養得鵾雞[6]鳴角角。
客來犬吠催煮茶，不用東家買豬肉。

註釋

1. 朱熹生於宋高宗建炎四年（一一三〇庚戌），卒於宋寧宗慶元六年（一二〇〇）。
2. 時才虎圈聽豪夸：用《史記．張釋之傳》：「釋之從行，登虎圈。上問上林尉諸禽獸簿，十餘問，尉左右視，盡不能對。虎圈嗇夫從旁代尉對上所問禽獸簿甚悉，欲以觀其能口對響應無窮者。文帝曰：『吏不當若是邪？尉無賴！』乃詔釋之拜嗇夫為上林令。」

3. 兔園：指的是鄉校俚儒教田夫牧子之教材「兔園冊」。

4. 君看蟄龍臥三冬：杜甫〈遣興〉：「蟄龍臥三冬，老鶴萬里心。」

5. 猴桃：獼猴桃。

6. 鵾雞：鵾雞似鶴。《楚辭．九辯》：「鵾雞啁哳而悲鳴。」

趙蕃[1]〈遠齋作十二辰歌見贈，且帥同作云〉

——《乾道稿》卷上

蟲臂鼠肝能幾許[2]，何如徑駕牛車去。

虎頭未必果癡絕[3]，死穴舊來輸狡兔。

先生端是人中龍，為蛇畫足吾何功。

士窮有愧食穀馬[4]，況乃爛羊關內封[5]。

春風開花到猴李[6]，白酒黃雞思下里[7]。

賦因狗監笑相如[8]，豬肝不食寧為說[9]。

註釋

1. 趙蕃生於宋高宗紹興十三年（一一四三癸亥），卒於宋理宗紹定二年（一二二九）。
2. 蟲臂鼠肝能幾許：《莊子・大宗師》：「倚其戶與之語曰：『偉哉造物！又將奚以汝為？將奚以汝適？以汝為鼠肝乎？以汝為蟲臂乎？』」鼠肝、蟲臂都指細微低賤物。
3. 虎頭未必果癡絕：晉代顧愷之小字虎頭，或謂曾任虎頭將軍，尤工丹青。有三絕，謂才絕、畫絕、癡絕。
4. 士窮有愧食穀馬：漢朝宮中有食穀之馬、食肉獸。
5. 況乃爛羊關內封：《後漢書・劉玄傳》：「長安為之語曰：『竈下養，中郎將。爛羊胃，騎都尉。爛羊頭，關內侯。』」
6. 猴李：為李的種類之一，現大多稱為「玫瑰李」。
7. 白酒黃雞思下里：白居易〈朱陳村〉：「黃雞與白酒，歡會不隔旬。」
8. 賦因狗監笑相如：司馬相如善賦，因狗監得見漢武帝。
9. 豬肝不食寧為說：《東觀漢記・閔貢》：「閔仲叔居安邑，老病家貧，不能買肉，日買一片豬肝。屠者或不肯為斷，安邑令候之，問諸子何飯食，對曰：『但食豬肝，屠者或不肯與之。』令出敕市吏，後買輒得。仲叔怪問之，其子道狀，乃歎曰：『閔仲叔豈以口腹累安邑耶？』遂去之沛。」

——《秋崖集》卷十五

方岳[1]〈次韻十二辰神體二首〉

其一

鼠技[2]易窮誰比數，牛衣[3]正可眠春雨。
虎窺九關[4]高莫捫，兔禿千毫老無補。
龍嬰鱗逆[5]事可驚，蛇畫足添心獨苦。
馬寧垓下困鹽車[6]，羊勿夢中翻菜圃[7]。
沐猴從爾楚人冠，荒雞寧起劉郎舞[8]。
狗監無煩誦子虛，豕亥[9]縱分吾不取。

其二

鼠穴不能容窶數[10]，牛角自歌[11]深夜雨。
虎頭肉食飛者誰[12]，兔窟趺居狡何補。
龍籍[13]亦保終當還，蛇杯生疑空自苦[14]。
馬曹誤我盍歸田，羊羹禍人寧學圃[15]。
猴拳蕨[16]嫩鮮可烹，雞毛菜[17]香醉言舞。
狗尾時時遺續貂[18]，豕白獻慚吾不取[19]。

註釋

1. 方岳生於宋寧宗慶元五年（一一九九己未），卒於景定三年（一二六二）。
2. 鼠技：即鼯鼠五技，見二〇七頁註釋2。
3. 牛衣：編亂麻而成。
4. 虎窺九關：《楚辭・招魂》：「虎豹九關，啄害下人些。」九關指天門九重，有虎豹守衛。

5. 龍嬰鱗逆：指拂逆帝王。

6. 馬寧垓下困鹽車：昔伯樂見鹽車之馬而增歎，以千里之馬而乃屈於鹽車也。

7. 羊勿夢中翻菜圃：陸雲《笑林》：「有人常食蔬茹，忽食羊肉，夢五臟神曰：『羊踏破菜園。』」

8. 荒雞寧起劉郎舞：凡天未明即啼者為「荒雞」。劉郎指劉琨。

9. 豕亥：或以為豕字即亥字。

10. 窶數：《釋名》：「猶局縮，皆小意也。」

11. 牛角自歌：寧戚擊牛角而歌，桓公舉以大政。

12. 虎頭肉食飛者誰：《後漢書．班超傳》：「其後行詣相者，曰：『祭酒，布衣諸生耳，而當封侯萬里之外。』超問其狀。相者指曰：『生燕頷虎頸，飛而食肉。此萬里侯相也。』」

13. 龍籍：指朝廷名籍。

14. 蛇杯生疑空自苦：據《晉書》記載，樂廣賜客酒，盃中有蛇；既而疾。廣意廳壁角影，復置酒，客頓愈。又《風俗通義》記載，應郴請杜宣酒，盃中如蛇，宣得疾；後於故處設酒，蛇乃弩影耳。意遂解。

15. 羊羹禍人寧學圃：戰國時，中山君饗都士大夫，司馬子期在焉，羊羹不遍，司馬子期怒而走於楚，說楚王伐中山。中山君亡，喟然仰嘆曰：「與不期眾少。其於當厄，怨不期深淺，其於傷心，吾以一杯羊羹亡國。」

16. 猴拳蕨：蕨類之一，形似猴拳。

17. 雞毛菜：即「蕪菁」，又名「葑」，或即今之「大頭菜」。

18. 狗尾續貂：晉趙王倫既篡位，雖奴卒廝役亦加爵位。每朝會，貂蟬盈坐。時人語曰：「貂不足，狗尾續。」貂蟬，侍從之臣所加，取其清高，飲露而不食。

19. 豕白獻慚吾不取：《詩經．小雅．都人士之什》：「有豕白蹢，烝涉波矣。」張載解釋說：「豕之負塗曳泥，其常性也，今豕足皆白，眾與涉波而去，水患之多。」這是作者引申的說法，豬生存的環境都被認為是髒亂的，而有白蹄，就是有意諂媚。

林希逸[1]〈戲效劉苕溪[2]十二辰歌〉——《竹溪鬳齋十一稾續集》卷一

華門鼠憂多唧唧[3]，我貧不厭瓜牛窒[4]。
癡人虎視欲眈眈[5]，我寧老守兔園冊[6]。
莫愁龍具[7]苦酸寒，等為蛇跗[8]祇瞬息。
試問藍關馬不前[9]，何似金華羊可叱[10]。
嬌羞已笑沐猴冠，卑棲那更爭雞食[11]。
掉頭一任犬狺狺，掩耳莫聽豬嚄嚄。

註釋

1. 林希逸生於宋光宗紹熙四年（一一九三癸丑），卒於宋度宗咸淳七年（一二七〇）。
2. 劉一止字行簡，號苕溪。原作見二一九頁。
3. 華門鼠憂多唧唧：或喻富人家食物太多，連鼠輩都不知如何。
4. 我貧不厭瓜牛窒：瓜牛即蝸牛。「瓜牛廬」指貧窮者所居，極言其窄小。後漢焦先、楊沛俱起「蝸牛廬」自居。

5. 癡人虎視欲眈眈：《易經．頤卦》第四爻，爻辭：「虎視眈眈，其欲逐逐，无咎。」眈眈，虎視的樣子，威而不猛。

6. 兔園冊：古代的啟蒙教材。

7. 龍具：指窮人所穿，又稱牛衣，編亂麻為之。

8. 蛇蚹：指竹支初形。蘇軾〈文與可畫篔簹谷偃竹記〉：「竹之始生，一寸之萌耳，而節葉具焉，自蜩腹蛇蚹以至於劍拔十尋者，生而有之也。」

9. 試問藍關馬不前：韓愈〈左遷至藍關示姪孫湘〉：「一封朝奏九重天，夕貶潮州路八千。欲為聖明除弊事，肯將衰朽惜殘年？雲橫秦嶺家何在？雪擁藍關馬不前。知汝遠來應有意，好收吾骨瘴江邊。」

10. 羊可叱：用皇初平事，見黃庭堅〈長短星歌〉「羊」，見二〇四頁註釋12。

11. 卑棲那更爭雞食：《楚辭．卜居》：「寧與黃鵠比翼乎？將與雞鶩爭食乎？」

元朝

仇遠[1]〈和子野見寄十二辰體〉

良工鼠鬚筆[2]，戢戢囊穎[3]露。抄詩節經史，汗牛[4]車載路。
信知文中虎[5]，一代人不數。細聲笑蚯蠅[6]，妙趣忘魚兔[7]。
東野龍無雲[8]，胡為乎泥中。蟠屈如睡蛇，虛此雲夢胸[9]。
且騎款段馬[10]，野服隨田翁。相羊山澤間，真樂樵牧同。
開林斬猴杙[11]，種花續春意。他年處雞窠，偃蹇增老氣。
錦鯨卷不宜，貂狗續亦易。老硯磨豬肝[12]，翰墨作遊戲。

——《金淵集》卷一

註釋

1. 仇遠生於宋理宗淳祐七年（一二四七丁未），卒於元泰定三年（一三二六）。
2. 良工鼠鬚筆：《本草綱目》：「鼬，似貂而大，色黃而赤者，是也。其毫與尾可作筆，嚴冬用之不折，世所謂鼠鬚、栗尾者，是也。」

3. 囊穎：謂錐囊穎脫。《史記．平原君列傳》：「平原君曰：『賢士之處世也，譬若錐之處囊中，其末立見。今先生處勝之門下三年於此矣，左右未有所稱誦，勝未有所聞。』……遂曰：『使遂蚤得處囊中，乃穎脫而出，非特其末立見而已。』」

4. 汗牛：柳宗元〈陸文通先生墓表〉：「其為書，處則充棟宇，出則汗牛馬。」

5. 信知文中虎：宋真宗時，謝絳能屬文，楊億得其啟事，謂人曰：「此文中虎也。」

6. 細聲笑虻蠅：虻蚋與蒼蠅聲音細小可笑。

7. 妙趣忘魚兔：用《莊子》得魚忘筌、得蹄忘兔之意，與得意忘言皆妙趣。《莊子．外物》：「荃者所以在魚，得魚而忘荃。蹄者所以在兔，得兔而忘蹄。言者所以在意，得意而忘言。」

8. 東野龍無雲：《易經．繫辭》云：「雲從龍，風從虎。」龍既無雲，則在泥中。

9. 雲夢胸：比喻胸襟開闊如雲夢。見《史記．司馬相如傳》。

10. 款段馬：款段是緩慢之意，言馬行動遲緩。見《後漢書．馬援傳》：「乘下澤車，御款段馬，為郡掾吏，守墳墓，鄉里稱善人，斯可矣！」

11. 猴杙：繫猴之樁。

12. 老硯磨豬肝：謂老硯磨出之墨汁色如豬肝。

劉因[1]〈續十二辰詩〉

飢鳶嚇鼠驚不起[2]，牛背高眠有如此。
江山虎踞[3]千里來，才辨荊州兔穴爾。
魚龍人海浩無涯，幻境等是杯中蛇。
馬耳秋風[4]去無跡，羊腸蜀道早還家。
何必高門沐猴舞，豚柵雞棲皆樂土。
柴門狗吠報鄰翁，約買神豬謝春雨[5]。

——《靜修集》卷三

註釋

1. 劉因生於宋理宗淳祐九年（一二四九己酉），卒於元世祖至元三十年（一二九三）。
2. 飢鳶嚇鼠驚不起：《莊子・秋水》：「惠子相梁，莊子往見之。或謂惠子曰：『莊子來，欲代子相。』於是惠子恐，搜於國中三日三夜。莊子往見之，曰：『南方有鳥，其名鵷鶵，子知之乎？夫鵷鶵發於南海而飛於北海，非梧桐不止，非練實不食，非醴泉不飲。於是鴟得腐鼠，鵷鶵過之，仰而視之曰：『嚇！』今子欲以子之梁國而嚇我耶？』」

3. 江山虎踞：建康（今南京）地理有虎踞龍蟠形勝。此喻形勢險要。

4. 馬耳秋風：李白〈答王十二寒夜獨酌有懷〉詩：「世人聞此皆掉頭，有如東風射馬耳。」此改秋風。

5. 約買神豬謝春雨：宋陳師道《後山談叢》：「御廚不登彘肉，太祖嘗畜兩彘，謂之神豬。熙寧初罷之。後有妖人登大慶殿，據鴟尾，既獲，索彘血不得。始悟祖意，使復蓄之。蓋彘血解妖術云。」此則用為祭祀之豬。

——《文安集》卷五

揭傒斯[1]〈和劉修撰[2]十二辰詩〉

飢掘鼠可以充飢，飯牛可以待時。
何須入穴求虎子，更學狡兔三穴為。
我生誤逐攀龍者[3]，歲蛇[4]冉冉那堪把。

又無筋力騎快馬，日射黃羊陰山下5。
空餘野性獼猴同，但求歸作祝雞翁6。
柴門狗吠閉閤睡，萬事渾如牧豬戲。

註釋

1. 揭傒斯生於宋度宗咸淳十年（一二七四甲戌），卒於元順帝至正四年（一三四四）。
2. 劉修撰即劉因，字靜修，修撰是官名。原作見二三二頁。
3. 我生誤逐攀龍者：《前漢書．列傳序》：「舞陽鼓刀，滕公廄騶，潁陰商販，曲周庸夫。攀龍附鳳，並乘天衢。述樊酈滕灌傅靳周傳第十一。」指舞陽侯樊噲、滕公夏侯嬰、潁陰侯灌嬰、曲周侯酈商。
4. 歲蛇：喻歲月時光流逝。蘇軾〈守歲〉：「欲知垂盡歲，有似赴壑蛇。修鱗半已沒，去意誰能遮。況欲繫其尾，雖勤知奈何。」赴壑則一去不返，喻歲月。
5. 日射黃羊陰山下：《資治通鑑》胡三省注：「北人謂麞為黃羊。」
6. 但求歸作祝雞翁：《爾雅翼》：「《風俗通義》云：『呼雞曰朱朱。相傳雞本朱氏翁化為之。』漢祝雞翁居尸鄉山下，養雞百餘年，皆有名，呼名則種別而至。則朱乃祝之轉也。」此句意謂但求回家養雞。

——《頤庵文選》卷下

明朝

胡儼[1]〈續十二辰〉

鼷鼠飲河河不乾，牛女長年相見難。
赤手南山縛猛虎，月中取兔天漫漫。
驪龍有珠常不睡，畫蛇添足適為累。
老馬何曾有角生，羝羊觸藩徒忿懥[2]。
莫笑楚人冠沐猴，祝雞空自老林丘。
舞陽屠狗[3]沛中市，平津牧豕[4]海東頭。

註釋

1. 胡儼生於元順帝至正二十一年（一三六一辛丑），卒於明英宗正統八年（一四四三）。
2. 羝羊觸藩徒忿懥：《易經．大壯》第三爻，爻辭：「小人用壯，君子用罔。貞厲，羝羊觸藩，羸其角。」羝羊即羖，駕車之羊。羊角觸入藩籬，則進退不得，徒然怨怒。
3. 舞陽屠狗：漢高祖封功臣樊噲為舞陽侯，樊噲為屠狗出身。
4. 平津牧豕：漢武帝時平津侯公孫弘曾在海邊牧豬。

呂旭[1]〈戲為十二屬體詩贈汪萬里〉

——《新安文獻志》卷五十八

鼷鼠渴飲清河流[2]，吳牛寒喘明月秋[3]。
蝸角國分戰蠻觸[4]，至今人嗜功名求。
猛虎勢窮淺山隱，狡兔計猾深穴謀。

時情澆薄不復古，君懷曠達才學優。
驪龍明珠爛可摘，青蛇古劍光芒浮[5]。
奇才抱負蘊莫露，哦詩躭酒能消憂。
駟馬漢卿貴可羨[6]，五羊秦相[7]功難儔。
故知窮通古有命，君解談玄推短修[8]。
沐猴而冠頗拘束，醯雞舞甕多謬悠。
君平簾下白晝靜，花香清樾鶯啼幽。
烹犬藏弓事未定[9]，屠豬漁釣何如羞[10]。
三百青錢拄行杖，與君汗漫同遨遊。

註釋

1. 呂旭是明太祖洪武十四年（一三八一）明經及第。
2. 鼷鼠渴飲清河流：鼷鼠應是「偃鼠」，偃鼠飲河，止於滿腹。
3. 吳牛寒喘明月秋：《世說》注：「今之水牛，唯生江淮間，故謂之吳牛也。南土多暑，而此牛畏熱，見月疑是日，所以見月則喘。」

4. 蝸角國分戰蠻觸：《莊子．則陽》：「有國於蝸之左角者曰觸氏，有國於蝸之右角者曰蠻氏。時相與爭地而戰，伏屍數萬，逐北旬有五日而後反。」

5. 青蛇古劍光芒浮：唐郭震〈古劍歌〉：「精光黯黯青蛇色，文章片片綠龜鱗。」（見張說〈兵部尚書代國公贈少保郭公行狀〉）

6. 駟馬漢卿貴可羨：漢司馬相如字長卿，貴後安車駟馬，寵冠一時。

7. 五羊秦相：指百里奚，本為人牧羊，秦穆公舉以為相，號五羖大夫，平西戎諸國。

8. 君解談玄推短修：《漢書．嚴君平傳》：「君平卜筮於成都市，以為『卜筮者賤業，而可以惠眾人。有邪惡非正之問，則依蓍龜為言利害。與人子言依於孝，與人弟言依於順，與人臣言依於忠，各因勢導之以善，從吾言者，已過半矣。』裁日閱數人，得百錢足自養，則閉肆下簾。」

9. 烹犬藏弓事未定：即「狡兔死，走狗烹；飛鳥盡，良弓藏。」

10. 屠豬漁釣何如羞：樊噲屠狗，呂尚漁釣。此處遷就生肖而改「豬」。

吳寬[1]〈失貓偶讀古人十二辰詩戲作一首招之〉——《家藏集》卷二十五

鼠輩公然晝出游，廚中恣食肥如牛。
虎斑非鞹憶此物[2]，兔口無闕嗟為儔。
徒聞豢龍術曾學[3]，安論捕蛇功可收。
塞翁失馬終非福，牧子亡羊政爾憂。
獮猴若馴我豈愛，雞犬或放人須求。
歸來買豬肉餧汝，置汝十二生肖頭。

註釋

1. 吳寬生於明宣宗宣德十年（一四三五乙卯），卒於明孝宗弘治十七年（一五〇四）。
2. 虎斑非鞹憶此物：鞹是去了毛的皮革。此句或言失去的貓皮毛有虎斑，但非虎。
3. 徒聞豢龍術曾學：古時養龍，所以有豢龍氏、御龍氏，帝堯時有「劉累學擾龍於豢龍氏」。司馬光有〈豢龍廟祈雨文〉。

陸深[1]〈春日書事用十二生肖體〉

礫鼠真慚獄吏詞[2]，飯牛甘結主人知。
已無虎頭食肉相，聊從兔穎策勳遲。
春風欲動神龍蟄，酒影藏蛇不復疑。
失馬有時還是福，亡羊自古笑多岐。
沐猴竟誤韓生辨，函谷聞雞事頗危[3]。
莫為侯封歎烹狗，牧豬奴戲儘堪為。

——《儼山集卷》十九

註釋

1. 陸深生於明憲宗成化十三年（一四七七丁酉），卒於明世宗嘉靖二十三年（一五四四）。
2. 礫鼠真慚獄吏詞：唐駱賓王〈上齊州張司馬啟〉：「推公平而折獄，礫鼠謝其嚴明。」礫鼠指將受刑之犯人。

3. 函谷聞雞事頗危：古人有「雞夜鳴主兵革」之說，故祖逖聞雞起舞，知天下將亂，時勢可以造英雄。

王世貞[1]〈十二屬．歸思〉

——《弇州四部稿》卷五十三

梁苑辭兔耕，商丘罷豬牧。狗馬病未巳，龍蛇年可卜。
世自饒虎冠，吾寧蹈猴沐。晝鼠飢獵床，昏雞倦棲木。
牛羊下來否，相從老空谷。

註釋

1. 王世貞生於明世宗嘉靖五年（一五二六丙戌），卒於明神宗萬曆十八年（一五九〇）。

清朝

愛新覺羅．弘曆[1]——十二辰體二詩

其一〈效仇遠十二辰體詠金川事解悶有序〉

近於《永樂大典》散篇中，裒輯得仇遠[2]《金淵集》有所謂「十二辰體」者，頗創見可喜，惜一詩凡三易韻，且鼠牛等字參差用於句中，不若鮑明遠數詩之精審。余昔嘗效照體論君道，茲效仇遠此體詠金川事，所用十二支字並列句首，從鮑法也。日來大功將成，盼捷益切，寢食為之不安，拈翰成此，聊以自遣，而灌鼠屠豬，藉以取譬於施力之易易，庶幾吉語是徵耳！

鼠寇猖金川，於唐吐蕃種。牛相卻悉坦，自昔惡蠢動。
虎年即背盟，搆釁鄰封冗。兔穴營三窟，蟻鬥相衝桐。
龍驤未足勞，方伯命戒董。蛇蝎為其心，遷延竟惛懵。

馬年增築碉，吞併心益湧。羊子效父觸，羸角曾弗恐。
猴譎不可赦，王師發精勇。雞肋非所圖，羣番籌安鞏。
狗苟與蠅營，壓卵山臨聳。豬鞸羌兒俘，成功不旋踵。

其二〈用十二辰本字題四庫全書有序〉[3]

昨既效仇遠十二辰體詠金川事，各以肖生字用於句首，且通體一韻，非好為其難，蓋參用明遠數詩例也。詩中如虎年、馬年，適符金川時事，而牛相則又以數典借用及之，所謂因難見巧，亦幸巧不傷雅耳！曾命內廷諸臣和韻，率皆閣筆，且云：「不可無一，不能有二。」其然，豈其然乎？茲以十二辰本字題《四庫全書》，非畏難亦非避熟，取材固各有宜焉者。惟十二支字本不同韻，今於韻腳用之，非可遷就，因仿遠體三易韻。按古韻叶之自然恰合，仍以咨內廷及《四庫全書》諸臣，共效其體，寧當如前詩之訣為寡二少雙可耶！

四庫搜經史集子，絕勝書畫收張丑[4]。
木天羣彥[5]聚清寅，寧一青藜照金卯[6]。
名山搜校及茲辰，給扎授餐歲始已[7]。
詎以軍事廢旁午[8]，速成欲信斯之未。
玩愒有戒居申申[9]，繼晷焚膏窮二酉[10]。
乙覽秉燭金屈戌[11]，三豕子夏辨己亥[12]。

註釋

1. 愛新覺羅．弘曆，為清朝乾隆帝，生於清聖祖康熙五十年（一七一一辛卯），卒於清仁宗嘉慶四年（一七九九）。
2. 仇遠詩見二三〇頁。鮑照字明遠，時代在沈炯前，並無此體詩，乾隆誤記。
3. 〈用十二辰本字題四庫全書有序〉依子丑寅卯等十二地支為韻腳，而不用十二屬名。
4. 張丑：明朝崑山人，撰有《清河書畫舫》卷。
5. 木天羣彥：明高棅撰《木天清氣集》十四卷，收詩作六百六十首。

6. 青藜照金卯：劉青藜字太乙，康熙四十五年（一七〇六）進士。著有《金石續錄》四卷。

7. 給扎授餐歲始巳：乾隆三十八年歲次癸巳，始編訂《四庫全書》，以紀昀為總纂修。

8. 詎以軍事廢旁午：當年六月，金川大營被陷，遂派兵討金川。十一月，收復小金川。

9. 玩愒有戒居申申：《左傳》：「玩歲而愒日。」指苟且偷安。《論語・述而》：「子之燕居，申申如也，夭夭如也。」指心和貌舒。

10. 二酉：指藏書。

11. 乙覽秉燭金屈戌：唐太宗乙夜（二更）觀書，故稱乙覽。後世遂指帝王觀書為乙覽。金屈戌金屬鎖。

12. 三豕子夏辨己亥：子夏之晉過衛，有讀史者曰：「晉師三豕渡河。」子夏曰：「非也，是己亥也。」此指分辨錯誤。

國家圖書館出版品預行編目（CIP）資料

你不懂其實很有哏的生肖：文學與歷史形塑下的十二靈獸／
黃啟方著.
-- 初版. -- 新北市：臺灣商務印書館股份有限公司, 2023.01
256 面；17 × 23 公分（人文）

ISBN 978-957-05-3465-8（平裝）

1. CST: 生肖　2. CST: 中國文化

539.5941　111019442

人文

你不懂其實很有哏的生肖

文學與歷史形塑下的十二靈獸

作　　者—黃啟方
發 行 人—王春申
選書顧問—陳建守
總 編 輯—張曉蕊
責任編輯—何宣儀
封面設計—萬勝安
內頁設計—黃淑華
版　　權—翁靜如

營 業 部—王建棠、謝宜華、蔣汶耕
出版發行—臺灣商務印書館股份有限公司
23141 新北市新店區民權路 108-3 號 5 樓（同門市地址）
電話：（02）8667-3712　傳真：（02）8667-3709
讀者服務專線：0800-056196
郵撥：0000165-1
E-mail：ecptw@cptw.com.tw
網路書店網址：www.cptw.com.tw
Facebook：facebook.com.tw/ecptw

局版北市業字第 993 號
初版一刷：2023 年 1 月
再版 1.7 刷：2023 年 9 月
印刷廠：鴻霖印刷傳媒股份有限公司
定價：新台幣 450 元

法律顧問—何一芃律師事務所